新时代高校思政课实践教学改革研究

郭　彬◎著

中国民族文化出版社

·北京·

图书在版编目（CIP）数据

新时代高校思政课实践教学改革研究 / 郭彬著. —
北京：中国民族文化出版社有限公司，2020.7（2025.1重印）
ISBN 978-7-5122-1381-4

Ⅰ.①新… Ⅱ.①郭… Ⅲ.①高等学校—思想政治教
育—教学改革—研究—中国 Ⅳ.①G641

中国版本图书馆CIP数据核字（2020）第129954号

新时代高校思政课实践教学改革研究

作　　者　郭　彬

责任编辑　李　健

责任校对　江　泉

出 版 者　中国民族文化出版社　地址：北京市东城区和平里北街14号
　　　　　　邮编：100013　联系电话：010-84250639　64211754（传真）

印　　装　三河市同力彩印有限公司

开　　本　787mm×1092mm　16开

印　　张　11.5

字　　数　190千

版　　次　2020年6月第1版　　2025年1月第2次印刷

标准书号　ISBN 978-7-5122-1381-4

定　　价　36.00元

2018 年天津市高校思想政治理论课

教学改革创新示范团队项目

▪CONTENTS▪目　录

第一章　大学生思政课实践教学发展历程

高校思想政治工作是思想政治工作的主要组成部分，高扬马克思主义立场是其根本价值遵循，是坚持中国特色社会主义办学方向的鲜明特征。党的十九大报告指出，青年一代有理想、有本领、有担当，国家就有前途，民族就有希望。这充分体现了党中央对青年的殷切期望和殷切重托。本书以马克思列宁主义、毛泽东思想、邓小平理论、"三个代表"重要思想、科学发展观和习近平新时代中国特色社会主义思想为指导，从理论与实践相结合的角度研究了高校思政课实践教学改革问题，为高校思政课实践教学改革提供科学的理论依据和可靠的现实案例。

第一节　思政课实践教学的探索发展

新中国成立后我国高校思政课经过了初步探索、曲折前进、恢复发展、提升发展等时期，随着改革开放的全面展开，我国社会经济、政治、文化等各方面得到迅速发展，高校思政课也进入了一个调整、改革和全面发展的新时期。

一、新中国成立初期的思政课实践教学

新中国成立伊始，为了培养又红又专的社会主义建设者和接班人，确立马列主义、毛泽东思想在意识形态的领导地位，马克思主义思想政治理论课程作为高校的公共必修课被纳入高等教育课程体系，这也是当时改造旧大学、建设新大学的题中之义。在党和政府的领导下，高校对思想政治理论课在课程设置、组织领导、师资队伍、教学原则和方法等方面进行了有益的探索。

（一）构建以马克思主义理论为核心的思想政治理论课程体系

新中国成立初期的高校学生积极融入新社会，用马克思主义理论教育引导广大青年学生势在必行。1950年8月，《关于实施高等学校课程改革的决定》明确指出："废除政治上的反动课程，开设新民主主义的革命政治课程，借以肃清封建的、买办的、法西斯主义的思想，发展为人民服务的思想。"这明确了思想政治理论课程的性质和任务，为当时的高等学校思想政治理论课的发展指明了方向。

新中国成立初期，高校思想政治理论课程设置的主体是马克思主义基本理论和毛泽东思想，最初开设的课程是"辩证唯物论与历史唯物论"、"新民主主义论"和"政治经济学"。但是，当时各学校的执行情况不一。1952年10月，《关于全国高等学校马克思列宁主义、毛泽东思想课程的指示》对以上课程在各类高校的设置、学时及其讲授的次序，都作出了非常明确详细的规定。这标志着我国高校思想政治理论课程体系基本确立。1953年，党在过渡时期总路线公布，思想政治理论课的课程设置进行了调整，各类学校一律加开"马列主义基础"，"新民主主义论"改为"中国革命史"。同年11月，又将马列主

义理论纳入研究生教学计划，这样，高校的思想政治理论课实现了从本科生到研究生的全覆盖。

新中国成立初期，高校思政课的设置有鲜明的政治性和阶级性，体现了我国的国家性质，反映了党和国家事业发展的需要。通过上述课程的学习，学生的思想认识和政治觉悟明显提高。

（二）建立党政齐抓共管、各方共同负责的工作机制

党委政府领导、各部门齐抓共管、人人参与，形成加强大学生思想政治理论课工作的整体合力，是新中国成立初期在加强高校思政课方面的重大创举。

首先，加强党对高校思想政治理论课的领导。思政课事关意识形态工作大局，是培养革命事业接班人的关键课程，必须坚持党的领导。1950年8月，《高等学校暂行规程》明确规定，校长要"领导全校（院）教师、学生、职员、工警的政治学习"。同年10月，规定各高等学校成立政治课教学委员会，并由校行政直接领导。政治课教学委员会主要职责是明确教学规范，聚焦教学中的疑难问题，为思政课教学提供指导。响应党的号召，北京大学、清华大学、上海交通大学、南京大学等著名大学都建立了政治课教学委员会。一些学校就加强党对思政课的领导做了进一步探索，如华东师范大学，由曾参加过延安整风的党委书记周抗亲自上思政课，著名哲学家冯契也主讲思政课。党和国家的高度重视，为高校思想政治理论课的开展提供了坚强的政治和组织保障。

其次，高校全体老师都要参与对学生的思想政治教育。新中国成立初期，百业待兴，迫切需要各类专业建设人才，因此高校常偏重于专业教学，对思想政治理论课认识不足，有的把"思政课与专业课对立起来"，认为"学生学好技术，就可以为人民服务"；有的认为"思想政治教育那是思政课教师的事情，与己无关"。针对这些错误的或片面的看法，1950年时任团中央副书记的蒋南翔提出，"学校中的思想政治教育，应该不仅仅是政治课程所单独担当的任务，学校中的每一门功课都不仅要传授某一种知识，同时还要贯彻正确的思想内容"。1955年4月，高教部副部长刘子载提出，"一切新中国的教师，不管他们教哪门课程，都应在教学中对学生进行政治思想教育，不应该只注重传授业务技术知识，还应该结合业务技术知识的教育随时进行思想教育和道德品质教育"。贯彻"教师对学生全面负责的思想"，各高校十分重视在专业课中进行思想政治教育，清华大学在讲授苏联卫星上天时，通过分析社会主义国家的科技发展与进步，使学生认识社会主义的优越性。高校各门课程都具有育人功能，教师在教学过程中不仅注重传授专业知识，还要充分挖掘专业课中蕴藏的相关教育因素，将思想政治教育渗透在一切科目的教学活动中，促进学生全面发展。这一思想被实践证明具有鲜明的战略性、原则性和前瞻性，也是我们今天思政课遵循的重要原则。

（三）建设政治过硬、理论扎实的思想政治理论课师资队伍

思想政治理论课具有自身的特点，既是知识体系，又是价值观念：不仅要传授知识，更在于价值观的教育和意识形态的引领。对思想政治理论课教师而言，既要有坚定的政治信仰，又要有扎实的学识和业务能力，必须在德才兼备、知行合一上下功夫。新中国成立初期，马克思主义思想理论课教学处于起步阶段，思政课教师人才匮乏，相当一部分思政课教师，相应的政治素质和理论知识还不够，课程质量不高。1951年12月8日，北京大学教授龚祥瑞在《人民日报》发文指出，课程改革中开设的新课程，如"马列主义基础"等，不是没人教，就是教的人没有进行很好研究。北京大学教授金克木在谈到思政课教学时也指出，"每学期都是到了开学才拼凑'社会发展史'或'新民主主义论'的教员"。

北京大学尚且如此，其他学校的情况可想而知。党中央对此高度重视，1952年9月，中共中央专门下发《关于培养高等、中等学校马克思列宁主义理论师资的指示》，就解决思政课师资队伍问题作出全面部署，多措并举抓思政课教师队伍建设。

一是严格做好思政课教师的选聘工作。选拔高校助教和高年级学生中的优秀党、团员作为培养对象，从源头上保证优秀人才进入思政教师队伍；选派党委、政府和群众团体中政治理论水平较高的干部到学校兼课。例如，1952年，西南军政委员会规定当地的党政军首长都要到全区高等学校做"政治报告"。二是举办各种教学研讨会、培训班和研究班。1950年，有关部门委托中国人民大学先后举办了"新民主主义论"教师暑期培训班和寒假期间的"新民主主义论"教学讨论会，此后又多次举办教学讲习班、备课会、学习会、讨论会以及组织教学经验座谈会等。中国人民大学的一些著名马克思主义专家何干之、胡华等还通过广播讲座等形式，亲自开展教学示范活动。1952年，中国人民大学开设马克思列宁主义研究班，以中国革命史教研室为例，从1952年至1956年培

养的中国革命史专业研究生和马列主义研究班的毕业生已达300多人，为师资培训作出了重要贡献。

（四）探索理论与实践相结合的思想政治理论课教学方法

理论和实践相联系是中国共产党思想政治教育的优良传统。早在1941年，毛泽东在《改造我们的学习》中指出："马克思主义的'本本'是要学习的，但是必须同我国的实际情况相结合。"

1950年10月，教育部明确规定，高校思想政治教育，应"用系统的理论知识联系实际，实事求是地正确解决问题"。遵循这一原则，新中国成立初期高校不断探索理论与实践相结合的方式。

在课堂教学中，结合学生的思想实际，有针对性地提高学生的思想认识水平。解放前的中国大学深受西方办学思想的影响，学生也大多出身于非工农家庭，一些学生存在亲美、崇美和恐美的思想。1950年10月，抗美援朝战争爆发，以此为契机，要求高校以抗美援朝为主题开展思想政治教育。美帝国主义在战争中所犯下的滔天罪行，志愿军在朝鲜战场上不断取得的胜利，深刻教育了学生，初步清除了崇美思想，增强了民族自尊心、自信心和自豪感，激发了学生的爱国情、报国志，许多大学生踊跃报名参军。

参加社会实践，促进对课程教学的感悟，夯实学生理论学习的效果。1946年，毛泽东告诫从苏联回延安、缺少社会实践历练的毛岸英，"书本上的知识和实践有所不同，要了解中国革命的实践，就应该补上中国的'劳动大学'这一课"。

二、蓬勃发展的思政课实践教学

马克思主义理论课和思想道德课组成的"两课"课程体系。1978年4月，教育部办公厅发布《关于加强高等学校马列主义理论教育的意见》重新明确了马列主人理论课的目的和主要任务，规定"高等学校的马列主义理论课程，一般开设辩证唯物主义与历史唯物主义，政治经济学，中国共产党党史和国际共产主义运动四门课"。1978年7月，召开31所高等学校参加的马列主义理论课教师座谈会，编写了4门理论课的教学大纲（试行草案），这次会议引起了高等学校各级领导对马列主义理论课的重视，成为以后这几门课程建设和发展的良好开端。1978年12月，党的十一届三中全会开启了我国改革开放的历史新时期，伴随着党的指导思想和工作重点的转移，以及真理标准的讨论和拨乱反正的全面开展，思政课得到了高度重视，1980年7月，教育部印发的《改进和加强高等学校马列主义课的试行办法》成为全面开展马列主义理论课程建设的新起点，根据该办法，"全国高校本科开设中共党史、政治经济学、哲学，文科专业加开国际共产主义运动史，也可试开科学社会主义"。1984年9月，教育部印发《关于高等学校开设共产主义思想品德课的若干规定》。自此，马克思主义理论课和思想道德课组成的"两课"课程体系基本上形成，高校的"两课"建设开始走向正规化。

1985年8月，中共中央颁发《关于改革学校思想品德和政治理论课教学的通知》要求高校思政课进行以中国革命史为中心的历史教育，马克思主义基本理论教育，中国社会主义建设和改革的理论，政策和实际知识的教育，以及时事教育和介绍当代世界政治经济的基本状况国际关系的基本知识等。这就是20世纪80年代中期我们党和国家对高校思政课程建设提出的重要的指导思想之一，即"85"方案。1987年5月，国家教委思政司邀请全国部分高校的思想政治教育学者、专家和教师，在长春召开了课程建设研讨会，同年10月，国家教委下发了《关于高等学校思想教育课程建设的意见》，对高校思想教育课程建设做出了设置五门思想教育课程的规定："法律基础""形势与政策"两门为必修课，"大学生思想修养""人生哲理""职业道德"三门课可有选择地开设。至此，高校思政课以"形势与政策""法律基础""大学生思想修养""人生哲理"为教学内容的思想品德课课程体系逐步形成，与马列主义理论课共同组成了高校思政课的教学体系。

1997年9月，党的十五大召开后，把邓小平理论编成教材、进入课堂，成为"两课"课程体系和教学内容改革的迫切任务。1998年，以党的十五大精神为指导，根据中共中央政治局的决策，中共中央宣传部、教育部联合下发《关于普通高等学校"两课"课程设置的规定及其实际实施工作的意见》，对"两课"设置做出了新方案（"98"方案），明确规定"思想道德修养""法律基础""形势与政策"三门课是学生的思想品德必修课，并对这三门课的教学内容与课时数进行了具体规定。

"98"方案将高校"两课"课程中的马克思主义理论课调整为马克思主义哲学原理、马克思主义政治经济学原理，毛泽东思想概论、邓小平理论概论、当代世界经济与政治（文科开设），思想品德课为思想道德修养，法律基础和形势与政策。

2003年2月，为在高校两课教育教学中全面贯彻党的十六大精神，教育部发布了《普通高等学校"两课"教学基本要求》，对"两课"教学的目的、任务和内容作了新的全面修订。为"两课"建设提供了新的基本规范和依据，为了推动高校思想品德课建设在深化改革中健康发展，将"邓小平理论概论"调整为"邓小平理论和'三个代表'重要思想概论"。

进入新世纪以来，随着社会的发展，大学生在许多方面都呈现出新的特点。这就要求思想政治教育工作必须遵循党的思想路线，与时俱进富有创新性地开展，因此，2004年10月，中共中央、国务院下发了《关于进一步加强和改进大学生思想政治教育的意见》（以下简称"意见"）。文件不再以"两课"的通俗称谓来表述"马克思主义理论课和思想品德课"，首次使用了"思政课"的称谓，并就加强和改进课程建设提出了原则性意见。为贯彻《意见》精神，中宣部、教育部于2005年2月7日联合下发了《关于进一步加强和改进高等学校思政课的意见》。明确指出要设立马克思主义一级学科，大力推进高等学校思政课的学科建设，并就课程设置做出了新的方案：即"05"方案。

（1）本科：4门必修课，即"马克思主义基本原理""毛泽东思想、邓小平理论和'三个代表'重要思想概论""中国近现代史纲要""思想道德修养与法律基础"，同时开设"形势与政策"课，另外开设"当代世界经济与政治"等选修课。

（2）专科：2门必修课，即"毛泽东思想、邓小平理论和'三个代表'重要思想概论""思想道德修养与法律基础"，同时开设"形势与政策"课。

为落实课程新方案，中宣部、教育部于2005年3月9日又联合下发了《<中共中央宣传部、教育部关于进一步加强和改进高等学校思政课的意见>实施方案》。首先，对每一门必修课的学分和基本内容作了明确规定，"思想道德修养与法律基础"规定为3学分；教学基本内容为主要进行社会主义道德教育和法制教育，帮助学生增强社会主义法制观念，提高思想道德素质，解决成长过程中遇到的实际问题；其次，对课程设置实施工作提出了基本要求，在时间安排上也作了原则规定；再次，对教材编写、教学研究、教师培训和学科建设等问题都提出了创新性建设的要求，中宣部、教育部的这两份文件，标志着思政课建设进入了创新发展的新阶段。

2007年10月，党的十七大提出了中国特色社会主义理论体系的科学命题。2008年8月，"毛泽东思想，邓小平理论和'三个代表'重要思想概论"调整为"毛泽东思想和中国特色社会主义理论体系概论"；"马克思主义基本原理"调整为"马克思主义基本原理概论"。

"05"方案保留了"98"方案的优点，注重体现马克思主义的整体性及其与时俱进的理论品质，突出了以马克思主义中国化的理论为中心的教育主题。

三、新时代思政实践教学

党的十八大以来，党中央高度重视高校党建和思政工作，作出了一系列重大战略部署，"把立德树人作为教育的根本任务""全面实施素质教育""培养学生社会责任感、创新精神、实践能力"等重要论述为新时期思政工作赋予了新的时代内涵，为高校深化创新德育工作提出了新的任务要求。

（一）新时期大学生思政教育面临的新形势和新挑战

当前大学生思政工作面临着复杂的内部和外部环境，特别是西方文化冲击和各种思潮风起云涌、竞争激烈，各类社会热点容易在大学生中激起波澜。同时，高校出现的一些问题也容易引起社会的强烈关注网络新媒体的迅猛发展带来了严峻挑战。在这种新形势和新挑战下，高校大学生思政工作仍然存在一些共性问题，需要引起高度重视并着力解决。

1.对大学生思政工作的重要性和紧迫性认识不够充分。有些高校对大学生思政工作的重要意义和面临的严峻形势缺乏深刻认识，"立德树人"停留在表面；有的认为教学科研是大学的中心，思政工作"拿不上台面、理不清头绪、看不到效果"，责任意识不强，存在对思政工作"不想抓、不敢抓、不会抓"等问题。中央对思政课的建设提出了明确要求，但高校落实不均衡，教学效果不佳。相比第一课堂，对大学生德育第二课堂重视程度不够，缺少针对性设计和指导。

2.大学生思政工作体制机制不健全、运行效果不佳。有些高校虽然总体上建立了思政工作体制，但实际运行中仍然存在着职责不清、分工不明的问题。一是学校各部门和院系的协调配合不够，学工、教学、后勤等多系统协同育人的合力尚未真正形成，专业课教师整体育人责任不强。二是由于高校工作导向，大家对教学科研等工作关注度高，思政工作显示度不强，效果不易显现，投入的精力少，而学工队伍成为基层院系工作的"勤杂工"。三是思政第一课堂与德育第二课堂存在"两张皮"现象，思政第一课堂偏重理论研究和灌输，教育针对性不强；德育第二课堂泛事务性工作偏多，缺少科学系统的理论作为指导。

3.大学生思政的针对性不强、实效性不佳。一是缺少有效的载体。大学生思政工作缺乏新思路、新观点，方式方法单一，内容不鲜活。二是缺乏吸引力和感召力。不注意研究受众的特点，运用网络和新媒体能力不足，简单说教多、深度引导少，存在老办法不管用、新办法不会用的问题，学生参与积极性不高，教育效果不明显。三是辅导员队伍专业能力不强，存在"泛事务化"和"本领恐慌"的窘境。

（二）以课堂为关键，强化精准引领，实现学生教育全员覆盖

结合"00后"大学生的思想特点和行为习惯，从加强队伍协同、工作内容统合、方式方法融合出发，形成了第一课堂与第二课堂、理论阐释与实践感知、课堂教学与网络引导相互支撑的线上、线下，互动、互促的学生日常思想引领体系，着力培养信念坚定、人格健全、德学双馨的青年人才。

1.强化教辅结合，夯实第一课堂主阵地作用。一是强化思政理论课的主渠道地位。加强以核心价值观为核心的课程体系建设研究，形成完善的思想理论教育课程体系和教学体系，并根据社会转型对大学生的生活方式、心理结构、价值观念等造成的影响，在教材、课程设置上充分考虑大学生的情感需要、接受能力和个体差异，适应大学生身心特点和成长规律。二是切实将形势与政策教育教学纳入必修环节。系统构建了2学分、32学时，马克思主义理论学科专任教师主讲，理论与实践相结合、校级指导与院级组织相结合、"慕课（MOOCs）"为主的线上教学与线下教育相结合的立体化教学模式；每年除课堂教学外，定期举行高水平专题报告会，实现学生全覆盖、不断线。三是建立思政课教师和辅导员协同的"教辅结合"机制。成立思修课和"形势与政策"课程协同小组，协同制定每年教学计划，分工承担理论教学和实践教学任务，并定期组织课程教学研讨，有效解决了思政课堂和德育工作两张皮的现象，极大提高了课堂教学效果。

2.创新教育模式，提高第二课堂育人效果。从强化学生的主体地位出发，大处着眼、小处着手，着力打造"近、小、实、亲"的思想引领品牌，努力将思想引领工作更接地气，让有意义的事变得更有意思。一是科学设计并扎实推进主题班会制度。针对不同年级学生的阶段性特点，以班级为教学单位，以小班教学、互动参与为主要教学形式，运用社会学"小组工作"的理念和方法，系统设计以"思想成长为主体，价值引领和学业引航为两翼"的"一体两翼"型主题班会体系，尤其针对新生创新设计开展了"新生成长对话课"课程；主题班会由辅导员主导开展，并邀请专家教授、优秀校友、优秀学长参加，贯穿学生高职的三年，每学期至少召开主题班会两次，活动的整体参与率达到95％以上。二是精细化开展日常教育活动。结合"七一""国庆"等重大纪念活动和中秋、端午等重要传统节庆，设计主题鲜明、载体丰富的系列主题教育活动，努力将日常教育落小、落细、落实，做到"每学期有主题，每月度有重点，逢节庆有活动"，如开展"小行为大文明"标准讨论及倡导活动、"我说我的家风家训"等学生广泛参与的主题微行动、微访谈，以生动的内容和鲜活的形式引导学生陶冶情操、端正品行。

3.搭建网络平台，强化网络媒体育人功能。学校将构建网络思想引领平台作为开展大学生思想引领工作的重要抓手和关键环节，着力打造特色突出、内容丰富的网络成长空间，形成了网络新媒体平台"纵横矩阵"。一是整合学生工作系统网站，创建学生工作信息化系统，实现对学生的全覆盖和各类信息的动态管理、统一发布。二是创建"微媒体"引领体系，通过直接的话题策划和焦点讨论的方式，进行全天候、全方位的思想引领。三是成立辅导员网络思政工作室，紧紧把握社会热点和学生讨论敏感话题，定期刊发具有原创性、针对性的思想引领作品，收到良好效果。

（三）以实践平台为支撑，注重深度融入，加强学生行为实践养成

要高度重视实践教育，始终站在人才培养的战略高度着力建设实践育人的长效机制，将"为中国梦奋斗"的时代主题和育人内涵贯穿于学生社会实践、志愿服务与社团活动的全过程，使之进学生思想、入文化主流、变实践自觉。

1.以社会实践认知国情社情，筑牢坚定信念。通过社会实践，积极引导学生在社会观察与国情认知中深化价值认同，自发为基层百姓做实事、解难事。

2.以志愿服务培养奉献精神，提升社会责任。将"大学生志愿服务"纳入必修环节，要求学生的志愿服务与公益劳动活动工时，并围绕志愿服务育人进行了一系列的探索。开通了志愿服务网和信息管理系统，建立起集教材、网站、骨干培训于一体的培训体系；设立志愿服务"种子基金"和"发展基金"，培育志愿服务精品项目和长期稳定的志愿服务基地，成为学生志愿者公益奉献的乐善之地。

3.以社团活动繁荣大学文化，营造健康风尚。学校重视社团建设与发展，努力构建"文化修养、体育精神、志愿公益、科技实践"的四维活动体系，致力于培养学生的大学精神、思辨精神和爱校精神。

（四）以队伍建设为保障，突出岗位履职，提升辅导员的专业能力

辅导员是大学生思政的骨干力量。学校着力加强辅导员专业化建设，以标准化、网格化、精品化为导向，探索形成了以队伍建设为基础、以创新工作模式为动力、以工作室建设为引领的金字塔式辅导员工作模式，确保辅导员工作"两个回归"：一是克服"学院勤杂工"倾向，向辅导员本职工作回归；二是克服"泛事务化"倾向，向思想引领工作回归。

1.强化"四位一体"，夯实标准化队伍建设机制。队伍素质是决定辅导员工作质量的内在因素。在选配方面，按照1：200的师生比配置辅导员。在培训方面，建立基础培训、专项培训、常规培训和高级研修融通衔接的四级培训体系。在考评方面，细化辅导员工作职责，建立以学生满意度、同行评价、辅导员履职评议为重点的三维考核办法。在发展方面，建立"双线晋升，三向发展"的成长机制，实施辅导员职务与职称双向晋升制度，工作一定年限后可按照转岗、职业化、学位深造三个方向发展，畅通辅导员的发展渠道。

2.搭建业务平台，形成网格化辅导员工作模式。注重横向延展，搭建年级组交流平台，每个年级组每学期至少组织3次小组研讨、调查研究或素质拓展活动。注重深度拓展，组建心理素质教育、职业生涯规划等5个兴趣小组，资助辅导员考专业资质，定期组织集体学习、课题研究等活动。注重重点培育，将辅导员工作研究专项纳入学校教育教学改革项目，引导辅导员结合工作实际开展深入研究。

3.设立旗舰项目，培育辅导员育人品牌。品牌性项目是引领辅导员工作提升的载体和标杆。学校针对在工作中涌现的辅导员先进典型及其创新成果，专项支持设立"辅导员创新工作室"，发挥人才的聚合效应和工作室的引领作用。

2019年4月，教育部印发《新时代高校思想政治理论课教学工作基本要求》，立足规范流程，抓住思政课教学课前、课中、课后等关键环节，从落实学分、教务教研工作、教学纪律、考核评价、落实主体责任等十四个方面作了规定。《基本要求》要求严格落实学时、学分，从本科思政课现有学分中划出2个学分，从专科思政课现有学分中划出1个学分，开展思政课实践教学。学生既可通过参加教师统一组织的实践教学获得相应学分，也可通过提交与思想政治理论课学习相关的实践成果申请获得相应学分。网络教学作为思想政治理论课辅助手段，不得挤占课堂教学时数。

2019年8月14日，为深入贯彻落实习近平总书记关于教育的重要论述，特别是在学校思想政治理论课教师座谈会上的重要讲话精神，中共中央办公厅、国务院办公厅印发了《关于深化新时代学校思想政治理论课改革创新的若干意见》（以下简称《意见》）。《意见》从深化新时代思政课改革创新的重要意义和总体要求，完善思政课课程教材体系，思政课教师队伍建设，不断增强思政课的思想性、理论性和亲和力、针对性，加强党对思政课建设的领导等五个方面对深化新时代学校思想政治理论课改革创新作出了顶层设计与整体规划，这对于全面贯彻党的教育方针，解决好培养什么人、怎样培养人这个根本问题，深化新时代学校思想政治理论课改革创新具有重大指导意义。

《意见》对思政课课程做了精准定位，整体规划思政课课程目标。《意见》第二部分专门就完善思政课课程教材体系提出了四点要求，其中第一点"整体规划思政课课程目标"最为重要，这是因为，目标就是方向，目标就是旗帜，它决定内容、手段与方法。《意见》指出，"在大中小学循序渐进、螺旋上升地开设思政课，引导学生立德成人、立志成才，树立正确世界观、人生观、价值观"，深刻揭示了思政课教学的科学性与规律性，并着力把思政课改革创新建立在尊重规律的基础上。人的认识是一个在实践中循序渐进、螺旋式上升的过程，遵循人的认识发展规律，适应大中小学不同阶段的思政课课程，要求不同阶段的思政课课程应当有不同的目标要求和各自定位。

为此，《意见》进一步对大学、中学、小学的思政课课程目标给出了不同要求和精准定位。《意见》指出，"大学阶段重在增强使命担当，引导学生矢志不渝听党话跟党走，争做社会主义合格建设者和可靠接班人。高中阶段重在提升政治素养，引导学生衷心拥护党的领导和我国社会主义制度，形成做社会主义建设者和接班人的政治认同。初中阶段重在打牢思想基础，引导学生把党、祖国、人民装在心中，强化做社会主义建设者和接班人的思想意识。小学阶段重在启蒙道德情感，引导学生形成爱党、爱国、爱社会主义、爱人民、爱集体的情感，具有做社会主义建设者和接班人的美好愿望。"这就从适应学生身心发育的不同阶段特点，顺应学生思想认识的发展规律的高度，对大学、中学、小学的思政课目标做出了精准定位，使思政课课程目标更加科学，各阶段衔接更加紧密。

《意见》对循序渐进培养时代新人做出了"螺旋上升"蹄疾步稳的规划。《意见》分四个阶段进行整体规划，提出了大学阶段重在增强使命担当、高中阶段重在提升政治素养、初中阶段重在打牢思想基础、小学阶段重在启蒙道德情感这一具有针对性、阶段性的思政课工作方向。从小学、初中、高中到大学阶段的思政课课程目标，各不相同，但环环相扣、循序渐进、层层递进，呈螺旋式上升状态，在遵循规律中，一步一个脚印、蹄疾步稳地不断升华，不断接近培养担当民族复兴大任的时代新人的目标。这就为完善思政课课程教材体系，以科学、规范、系统的教材体系支撑并推动新时代学校思想政治理论课改革创新指明了方向，提供了根本遵循，意义重大而深远，并具有很强的可操作性。

大学思政课重在增强使命担当。大学阶段是青年世界观、人生观、价值观确立的关键时期，要立德树人，培养能够担当民族复兴大任的时代新人，大学思政课就必须以大胸怀、大境界、大格局、大情怀、大视野、大担当给学生指点迷津，做好价值引领，坚定政治信仰，增强学生使命担当，引领人生航向。高中思政课重在提升政治素养。高中阶段就是培养学生基本政治素养的阶段。因此，高中思政课课程要用生活中鲜活的事实、生动的实践、感人的事迹、辉煌的变化引导学生拥护党的领导和我国社会主义制度，引领学生在深切体验和切实感受改革开放历史巨变的基础上，形成对社会主义建设者和接班人的政治认同。初中思政课重在打牢思想基础。初中阶段，思政课属于积累知识、吸收营养、涵养政治情愫的阶段。因此，初中思政课要以有爱、有情、有义、有美的人文情怀，让学生把党、祖国、人民装在心中，传递对党、对祖国、对人民的朴素情愫，强化学生做社会主义建设者和接班人的思想意识。小学思政课重在启蒙道德情感。爱是最好的教育，教育本身是一种春风化雨，是一种阳光普照。小学思政课要以满腔的爱，进行道德情感的启蒙，以强烈的人文情怀，点燃学生的家国情怀，引导学生形成爱党、爱国、爱社会主义、爱人民、爱集体的情感。

第二节 思政课实践教学的价值

思政课实践教学，就是在完成思政课理论教学的基础上，通过具体实践途径，达到对思政课课堂上学习的基本理论知识的进一步理解、吸收、内化，实现对思政课基本理论、原理的应用，从而进一步树立马克思主义的世界观和方法论。

思政课实践教学是高校思政课教学的重要环节，其地位和作用不容忽视。马克思指出，社会生活在本质上是实践的，人通过实践活动把握物质世界，又通过实践活动改造物质世界并改造人自己。理论学习的目的是指导实践活动，而实践活动又反过来深化对理论的理解"思想政治教育的接受过程，是指在思想政治教育活动中，受教育者作为认识主体或接受主体对教育者所传递的思想政治教育信息（观念、思想、规范及要求等），通过认识和实践环节进行反映、选择、整合和内化，最终形成稳定人格品质的过程。它既是一种认识活动也是一种实践活动。"也就是说，思想政治理论课教学从本质上看不是教育者对受教育者单向的传递过程，受教育者不是被动的理论接收器，而是通过各种各样的实践活动对理论能动地选择、检验、内化，并最终形成符合社会需要的稳定思想品质的过程，事实上，这也是其他课程教育需要的有效途径和达到的理想效果。这是开设思想政治理论实践课程的哲学基础。

一、思政课实践教学的任务与形式

思政实践课程是在课堂理论教学之外，依据高校"思政课"的教学内容和要求，以学生为中心，由任课老师组织和引导学生主动参与实际生活和社会实践的一种教学活动。思政实践课程是思想政治理论课程体系的重要组成部分，是一门独立的课程形态。因此，思政实践课程不同于一般意义上的实践教学环节，不是理论教学的简单补充和延伸，它既在课程定位、教学内容、教学方法及考核评价方式等方面具有独特的内在规定性，又与思想政治理论课具有内在联系。

　　思政课实践教学是思政课课程的一种教学形式。思政课实践教学常常会与大学生社会实践活动和专业实习混同，大学生社会实践活动是大学生按照学校培养目标的要求，有计划、有组织地参加社会政治、经济、文化生活的教育活动。这些活动主要是团学组织和学生会通过暑期社会实践活动、"青年志愿者"活动、社会调查、社会服务、勤工助学等形式开展的，是对大学生进行思想政治教育的一种重要形式、也是一种把所学理论知识运用于实际的表现形式。实践教学则是一种理论联系实际的教学手段，是对大学生进行思想政治教育的一种教学形式。可见，二者有许多相通的地方，但实践教学是一种课程意义上的社会实践活动，它与课程理论教学相呼应，为该课程教学目的服务。因此，把广泛意义上的大学生社会实践活动纳入到思政课范畴是不明智的。专业实习是为达到专业课教学目的进行的教学环节，与开展思政课实践教学的目的也是有差异的。

　　（一）思政课实践教学的任务

　　思政课是高校的公共课之一。长期以来，其主要依靠单纯的理论教学来进行，暴露了诸多弊端，教学效果很不理想。为了改变这种状况，许多高校都对思政课教学改革进行了积极探索。思政课实践教学是在理论教学的基础上进行的一种教学活动，是思政课课程的一种教学式。实践教学应在理论教学的基础上进行，这样的实践教学可以通过活生生的事实、图像、资料以及亲身感受加深对理论教学内容的认识，甚至可以"解惑"。这种形式可以激发学生学习的积根性和主动性，并增强课程的教学效果。

　　课程的主要任务在于对学生进行知识传授和能力素质培养。思政课实践教学的主要任务是使学生掌握中国化马克思主义的形成过程和基本理论知识，进一步了解和掌握思想道德基本概念和知识，了解法律的基本知识和流程，了解社会主义经济和政治建设的伟大成就，使学生把握科学发展观的内涵，关注未来所从事行业的基本状况；通过一系列形式多样、内容丰富的实践活动，旨在培养学生分析判断和解决问题、独立思考和完成工作任务、职业认识、学以致用以及团队合作、组织协调、文字组织等能力；在知识和能力培养的基础上，重在培养学生的思想素质、政治素质、道德素质、法律素质、职业素质以及社会责任感和理论与实际相结合的良好学风。

（二）思政课实践教学的形式

目前，对高校思政课实践教学的形式各种各样，归纳起来主要有三种。

1.课内实践，校内社会实践与校外社会实践结合

有的教师采用三种实践形式的结合形式进行思政课实践教学。

（1）课内实践，在课堂教学中，老师组织学生开展讨论、辩论和演讲活动，让学生运用所学的理论分析问题、解决问题；

（2）校内社会实践，通过社团的组织形式开展校园文明建设等活动，让学生在集体活动中提高组织能力和实践能力；

（3）校外社会实践，利用假期或课余时间，在校外进行社会调研等，让大学生在社会实践中充分进行情感体验和智力参与，从而了解社会，服务社会。

2.课外、校外进行的教学辅助活动

有教师通过在课外、校外进行的教学辅助活动作为思政课实践教学模式，它区别于课堂理论教学，是利用社会实践空间组织的教学活动，主要采取参观、实地调研、现场参与、共同研讨等形式。包括以思想教育为主的革命胜地瞻仰，老少边穷地区寻访，国情、民情、乡情调查，以服务社会为主的扫盲与文明教育活动，志愿者服务、法律咨询、义务劳动等形式；以培养能力为主的短期锻炼、岗位见习、协助地方政府开展工作、围绕思政课的教学内容开展系列调查等形式。

3.互动性的教学模式

有的教师采用能够突出学生的参与性、内容的直观性、对象的互动性的教学模式。这种思政课实践教学方式是除了社会实践之外，将大学生的课堂讨论、辩论、演讲，听报告、看影片也纳入到实践教学中，把实践教学的外延扩大到包括与社会实践相对的大学生自我实践。

二、思政课实践教学的意义

思政课实践教学无论是从受教育者角度还是从课程建设和改革角度，其根本目的还在于提升思想政治教育的效果，进而塑造学生的良好思想品德素质，是培养和造就具有创新意识和创新能力高素质人才的重要途径。

（1）开设思想政治理论实践课，是提高思想政治理论教育实效性的必要方法。长期以来，传统的思想政治理论课教学偏重课堂理论灌输，忽视学生的个体感受和体验，注重意识形态的普遍要求，忽视学生个体的切实需要。学生对于思想政治理论教育缺乏兴趣，教育效果不甚理想。开设思想政治理论实践课，弥补了传统教学的不足。由于实践教学重视学生的参与、体验和思考，通过丰富多彩和学生喜闻乐见的实践活动载体，使学生在实践中把握当代中国马克思主义的精神实质，提高学习思想政治理论课的热情，自觉投身到中国特色社会主义建设事业的伟大实践之中。

（2）开设思想政治理论实践课，是培养高职学生实践能力和职业理性的必要途径。高职教育与普通高等教育的区别在于对学生实践能力的培养。高职院校人才培养的目标是高素质技能型人才，其基本特征是教育过程的实践性和职业性。从一定意义上说，实践教学是高职教育的根本性标志。传统的高职教育认为，实践教学只能在专业课教学中实现，公共基础理论课难以组织实践教学。随着高职教育教学改革的不断深入，思想政治理论课以如何落实"坚持育人为本，德育为先，把立德树人作为根本任务"的要求为契机，积极推进教学改革，把课程建设和教学改革与高职人才培养工作进一步有机融合，努力体现人才培养过程的实践性，是高职院校思想政治理论课发挥实效的关键所在。高等职业教育的职业性体现在：教育教学其直接目的是满足学生未来职业岗位的需要，满足学生职业发展的需求。因此，培养学生良好的职业认知能力也是思想政治理论课的重要职责。通过对学生开展行业认知实践，使学生了解和掌握行业的基本状况，以科学发展的眼光对待行业以及未来的职业，着力培养学生的职业理性，使之成为合格的行业劳动者。

（3）开设思想政治理论实践课，是培养高职学生的社会责任感的必要形式。培养学生积极的社会责任感，是任何一个国家思想政治教育的重要目标。社会实践是理论内化为一种信念的重要环节，只有经过社会实践，学生才能自觉理解、认同和接受科学理论。当代大学生要想服务社会，就需要了解社会。思想政治理论课实践教学正是通过丰富多彩的形式，运用马克思主义的立场、观点和方法，加深大学生对中国历史和社会现状的了解。因此社会实践教学可以充分激发和调动大学生的参与意识，让学生对社会现实产生理性认识，从而引导大学生正确认识国情和社会主义建设的客观规律，增强全面建设小康社会、加快推进中国特色社会主义现代化进程的自觉性和坚定性。唯此前提，学生才会把个人理想和祖国发展紧密结合起来，把个人价值与社会价值结合起来，自觉实践有中国特色社会主义的共同理想，从小事做起，从自我做起，今天刻苦学习，未来努力工作，勇于承担社会责任。

（4）开设思想政治理论实践课，是推动当代中国马克思主义大众化的必要载体。党的十七大提出"开展中国特色社会主义理论体系宣传普及活动，推动当代中国马克思主义大众化，高职学校要贯彻落实这一要求，为推动当代中国马克思主义大众化做出贡献，就必须坚持教育与社会实践相结合的方针，积极开展思想政治理论课实践教学。大学生的世界观、人生观和价值观正处在一个逐步建立和完善的时期，他们求知欲旺盛、可塑性强，同时又面临着政治信仰、理想信念及价值取向等方面的选择和考验，因此加强思想政治理论课实践教学，将极大地调动学生学习马克思主义理论的积极性。历史证明，马克思主义在中国的传播，最早就是在青年中进行的，而且也是由青年传播的。青年学生未来将广泛分布在各个工作岗位上，他们不仅承担着技术生产的任务，而且将以自己的思想和言行把中国化的马克思主义理论辐射给周围人群，成为推动当代中国马克思主义大众化的主力军，从而为推动当代中国马克思主义大众化奠定最广泛的群众基础。

第二章　中外高校思政课实践教学的比较与参与

　　在国外，高校没有思想政治理论课名称，只开设德育课堂，我国高校的思政课，也称"德育课"，因此，我国高校思政课实践教学，在国外就是德育课实践教学。随着全球化的青少年道德危机和道德教育中相对主义导致的价值观混乱，国外教育理论课开始认可人类普遍的道德价值进入专门课程的必要性，世界各国均开设了各种各样的德育课程和德育教学实践，以明确、直接的方式向学生传授本国所倡导的主流价值和美德。

第一节　国外高校思政课实践教学的途径、管理、评价的考察

西方国家思想政治教育的实践性有着悠久的历史传统和理论渊源。苏格拉底提倡"助产师"方法，认为教育者是被教育者的促动者、引导者和"助产师"，主张受教育者在潜移默化中接受教育。20世纪美国实用主义哲学家杜威提出了"道德教育理论"，主张按照社会的实际生活进行道德教育，反对脱离社会、知行脱节在传统道德教育课中的传播和灌输。杜威的道德教育理论对西方国家尤其是美国的思想政治教育产生了深远影响。纽曼的社会行动模式理论，主张把有关公民行动的活动和道德推理、价值分析内容结合起来，提出了学科教学与社区参与计划相结合的社区问题课程，既要求学生完成一定的课业，又促进他们主动加入社区活动。正是在这些理论的指导下，西方国家形成了独具特色的思想政治教育实践活动。

一、国外高校思政课实践教学的途径

国外大学生德育课程可分为包括专门的品德课程和一些与学科课程整合的品德课程。前者以品德培养为直接的目的，讲授本国核心价值观和美德，培养学生的道德认知能力，强化学生对价值观和美德的理解，训练道德实践技能。这类课程的目的不仅仅是狭义的德育目标，还包括使学生获得必要的法制观念、应具备的政治素质、公民参与能力等等。总之，都是为了培养合格的、全面发展的好公民。

国外大学生德育课程按学科的组合方式，可划分为分科课程与综合课程。分科课程从各门学科中选择部分内容，彼此独立地安排其内容组成不同的学科，实行单科性排列。综合课程是将相邻学科的教学内容整合在一起而形成的课程。这类课程的知识不局限于一门学科，而是包含了数门相邻学科的知识内容。

德育课程按内容的编排顺序，可分为直线式和螺旋式。直线式是将德育课

程的内容按课题进行排队，然后根据年级或学段安排不同的内容，采取由简单到复杂、由远及近的方式编排，课程内容不重复。螺旋式是将基本相同的德育课程内容，在不同年级或学段反复安排。只不过后期内容会随着年级的升高而加深和扩展

国外德育教育通过显性课程和隐性课程进行教学。显性课程也叫正式课程，是指学校中的正规课程，是学校或教师公开承认并讲投的程，显性课程的内容在不同的国家各有不同的特点。

（一）美国高校的显性课程

美国高校的显性课程内容，可分为普通教育和专门教育两种形式

1.普通教育

普通教育与西方历史上的博雅或通识教育有着密切的联系。它既注重教育培养学生树立美国的政治观、价值观和文化观，同时又注重以人类历史上，尤其是西方文明史上的优秀人文传统影响学生。目前，美国公立大学几乎全部开设了独立的思想政治教育课程，如公民、美国宪法、美国历史、西方文明史、美国政府、现代社会、民主问题、时事等。为了使学生接触和认识国内外截然不同的意识形态和价值观念，使他们开拓国际视野，还开设了诸如中国领导人的经济思想、中国的民主与法制等选修课程。例如哈佛大学，供本科生选修的课程很多，1995年外国文化这一领域中就有26门，其中有关中国的课有5门。①

2.专门教育

专门课程是学生主修科目或者专业课程的教学活动。由于专门课程与学生未来的职业相

联系，随着社会的发展变化，美国高校学生的主修科目更替很快，新的职业课程不断产生，造成了学生专门教育的高度个性化。虽然学生所学课程各有不同，但我们仍然不难发现在其中的德育工作。美国卡内基教学促进基金会主席内斯特·伯耶指出，本科生教育不仅要帮助学生做好技能上的准备，而且还要帮助学生做好发现和理解工作对个人和社会的价值。为此，他提出主修课的教学要对三个问题做出回答：这个领域的历史和传统是什么；它所涉及的社会和经济是什么；要面对哪些道德和伦理问题。显然，通过这种方式进行专门教育，更有利于德育目标的实现。例如，美国许多大学的计算机系的学生学习技术史和信息革命的社会影响等课程，学习工程的学生必须考虑社会环境和自然

环境的问题等。

(二) 美国高校的隐性课程

在美国大学，隐性课程的范围非常广泛，概括起来主要由4个方面构成。

1.学生校园生活

这里的校园生活指学生内部经常参加的活动，包括社团活动、文体活动、全校性活动、学术性活动等。

2.社会服务和社会实践

美国教育界人士普遍认为，社会服务与社会实践是学生形成良好品德和陶冶情操的重要途径。美国的大学生拥有较多的机会参与学校的管理和服务。

3.咨询与指导

美国各高校几乎都设有专门的，相对独立的咨询机构，负责全校学生的咨询指导工作。一般由训导长（专门负责学生工作）直接领导，分别对新生入学、就业选择、心理等方面给予指导。咨询指导通常以个别咨询、小组咨询、团体咨询的方式进行，具体形式有面谈、电话、信函和访问等。

4.宗教活动

美国教会在高校德育教育中起着不小的作用，如倡导帮助别人，开展义务服务，帮助无家可归者等。一位研究德育评估的教授说，道德评估得分最高的是神学院的学生。

(三) 北欧高校的显性课程

以瑞典、丹麦为代表的北欧国家的政治经济制度、教育制度和文化传统有很多共同之处。同样在高校德育上所面临的问题以及采取的方法和措施也颇为相似，他们所开设的正式课程主要包括3个方面。

1.宗教教育

在这两个国家中，宗教教育是学校课程的一个重要组成部分，但它并不一定占用很多课时。北欧传统的宗教教育是希望传授耶稣基督的价值观。圣诞节和复活节等都是进行宗教价值观教育的重要机会。

2.语言和历史

这两门课中的道德教育因素不太明显，但影响很大。因为学生在这些科目上所花的时间很多，通过它们向学生传递民族精神和文化价值观是非常富有成效的。

3.社会学科

第二次世界大战以来，两国的教育课程中逐渐增加了类似北美的"社会学科"的科目。这些国家的决策者、教育家和公众虽然认为需要社会和公民教育，但并未将这个科目看得像传统科目（如历史、地理）那样重要。社会或政治教育属于非考试科目，在课时安排上，所占时

间也很少。尽管如此，社会和政治教育仍以其独有的方式影响着许多学生的道德观念。

（四）北欧高校的隐性课程

瑞典和丹麦的隐性课程非常注重课堂和学校的气氛，学校设有专门的指导制度，课外活动是其重要的组成部分。

1.课堂和学校气氛

在这两个国家中，传统上都非常重视和鼓励成年公民积极探索问题。然而，这种探索在学校中的反映却是不同的。对争议性问题，丹麦的教师很愿意鼓励学生讨论。尤其在选民思想较为自由的社区里的高校，社会学科、宗教教会文学等学科，对争议性问题的开放式讨论会较多。而瑞典的教学大纲则限制教师涉及有争议性的问题，一直到1980年代还是这种情况。

2.指导制度

这是学校中传授价值观的另一种途径。人们期望教师能关心学生的幸福，帮助他们解决个人问题，解答教育和职业问题。

3.课外活动

两个国家中，课外活动也是公民教育的一个重要组成部分。学校中设有学校委员会，但一般来说其活动范围仅限于安排社会活动和慈善活动。在大多数学校还设有学校俱乐部。这种俱乐部类似于成人的兴趣团体，但它没有那么浓厚的政治色彩，除讨论一些范围有限的问题外，他们无意影响学校的决策。

二、国外高校思政课实践教学的管理、评价

社会实践作为高校培养人才的一个重要环节，是大学生服务社会的有效形式，是大学生接受锻炼、增长知识、施展才华的广阔舞台，更是大学生将理论学习与社会实际需要结合起来的有效途径。加强大学生社会实践是充实高等教育内涵、提高办学质量、增强学生社会适应能力的首要任务。

（一）韩国高校德育实践教学

我国也是亚洲国家，和亚洲的其他国家在文化上有很多相同之处。韩剧在我国老少皆宜，在韩剧中我们可以看到韩国人的礼仪和修养。中国是礼仪之邦，但是在社会实践中，我国已经无法和韩国相比了。韩国所取得的这些成就是和韩国的德育教育无法分开的。韩国大学和中国在课程设置上是一样的，都采取了专门德育课的方式。而且，德育内容还渗透到其他的专业课程中。除此之外，韩国注重校园文化建设，例如班级环境整洁、校园组织合理、让学生形成良好的习惯。同时，韩国非常注重大学生的社会实践活动。

（二）新加坡高校德育实践教学

新加坡给我们的首要印象是城市环境卫生非常干净，仅从这一点就可以看出新加坡国民的素质。新加坡国民的素质与这个国家的德育教育是无法分离的。新加坡的德育教育重要途径有二，一是课堂教学，二是实践活动。课堂教学的方式也是开设正规的道德课。同时，把德育教育的内容渗透到不同的专业课程中，这样的方式使得大学的德育课程取得了较好的效果。实践活动则包括很多方面，主要是学校组织校内实践与学生积极参加的校外实践活动。总之，新加坡不放过任何一个对公民进行德育教育的机会。

（三）英国高校的德育教育实践

英国德育的途径是课堂教学、道德练习、学生指导和环境熏陶。在这些途径中，课堂教

学和其他国家的课堂灌输式的教学是不同的。它采取的课堂教学方式，是提供给学生素材，让学生自己去判断，判断的标准是社会的道德观念。道德练习是学校设计一些场景让学生去

身临其境的切身感受，在这个过程中让学生体会德育的内容，从而达到对学生德育教育的目的，至于学生指导，是让学生去对有心理问题的学生进行指导；而环境熏陶，主要是校园环境对学生形成耳濡目染来达到德育教育的目的。

英国高校的德育管理也独具特色，主要是通过规章制度的方式去规范学生。最具代表性的就是牛津大学的1984年出版的《学监备忘录》。同时，在英国的导师除了管理学习问还会有专门的教师管理学生品德、社交方面的问题。英国高校的德育教育评价主要是用绅士的标准去要求这些学生。除此之外，还

要求学生具有现代的道德观念。

（四）美国高校的德育实践教学

美国高校德育教育的内容，主要以爱国主义和法制观念为核心。对大学生的爱国主义教

育和法制教育主要是通过课堂教学和环境影响的方式来进行的。美国的课堂教学有两种形式。一种形式是正式的课堂教学，这种方式就是学校向学生灌输道德观念和国家的价值观念，另一种方式就是在其他的课程中渗透着德育课程的内容。这个其他的课程是指除德育课程以外的任何课程。

美国高校在教育任务和宗旨中指出，学校为学生提供社会实践的机会，其主要目的是锻炼学生的综合能力，培养学生成为一个合格的公民，迎接即将就业的挑战。美国加州大学高度重视大学生的社会实践工作，为大学生提供各种社会实践的机会，将大学生的社会实践环节贯穿于学习过程中。大学生在校期间主动积极参与校内外社会实践工作，大部分学生从二年级开始就参与就业实习（包含无薪与有薪的实习），为毕业后的就业做好知识与能力的储备。

第二节　中外高校思政课实践教学若干问题的比较

由于国家体制、文化传承、经济发展等不同带来了我国思政课实践教学与国外思政课实践教学既有相似又有不同的方式。尽管一个国家的德育课程目标及内容，具有很强的民族性、人文性和社会制约性，人们对品德教育课程的理解也存在许多分歧和争议，但仍会体现出共同的规律。

一、国外大学生德育课程特点

（一）培养具有民族精神的国民

将民族精神的培养作为品德教育的核心，这是世界各国共同的、一致的目标。民族精神是人类群体间一种强大而具有普遍意义的凝聚力和向心力，它能激发人们为本民族的利益而积极向上、奋发图强。因此，世界各国都意识到品德教育课程必须致力于培养本国青少年的民族精神。如美国的品格教育课程，就强调要培养美国人的美国精神，即做一名有民主精神、勇于开拓、以当美国人为自豪的美国人。日本的民族精神教育更为典型，它在社会生活中表现为团体主义精神的教育。日本人具有强烈的团体意识，学生以校为荣，工人以企业为家，整个日本国民以当日本人而自豪。

学校教育实践充分证明了品德教育中越强调培养民族精神，教育就越有成效。

（二）继承和发扬

继承和发扬属于全人类的道德原则和共同价值观。

柯尔伯格指出，普遍的伦理道德原则是实际存在的，它不受特定文化内容的限制，它既超越、又包容特定的社会规范和准则，因此它是普遍适用的。比如公正原则，关心全人类的价值平等以及人类关系中的互惠原则，就是一份个根本的普遍的伦理道德原则。这些原则是社会存在的一种日常结果，是人类在长期的生产和社会交往种发展而来的，而不是个别人种的一种怪癖或一种出自宗教信仰的行为。如何使青少年内化这些道德原则并达到知行统一，不仅是各国品德教育课程的共同内容，而且在目前国际交流日益频繁的情形下，愈加得到重视。如平等、勤劳、诚信、互相尊重、责任心和同情心等品德的培养，在世界各国的德育课程中都是很重要的方面。

（三）倡导全球本位道德

当今世界，全球问题日渐突出。所谓全球问题，是指那些决定全人类共同命运，而且只有靠全人类共同努力才能解决的紧迫问题，如贫困、生态失衡、环境污染、能源危机、人口爆炸、信仰危机、价值观冲突等等。德育课程是与现实问题密切相关的，因而也需着眼于解决全球问题。目前，全球本位道德这种新的道德取向，率先在西方发达国家兴起，而后影响至全世界范围。人们希望通过全球本位道德教育使当代青少年认识人类面临的共同题，引导他们形成全球道德意识，能够对人类命运尽一份自己力所能及的责任。这些都在各个国家的德育课程里有具体体现。如美国社会科的内容里就包括"全球关系和相互依赖"；俄罗斯更是提出"全人类教育"，要求学生理解国际主义与解决全球问题的相互关系，以及和平、生态问题对于全世界各国人民的共同意义等。

（四）强调道德认知与实践能力的发展

为了使青少年更快、更好地适应纷繁复杂和多变的社会，并根据不同环境和具体情况做出最佳判断，世界各国的道德教育都非常重视青少年道德认知能力与实践能力的发展。力图通过德育课程将知识学习、道德判断能力的培养以及道德实践的行为训练有效地结合起来，使学生能运用所学的道德知识解决实际生活中的道德问题，做到知行合一。如一些国家的德育课程教材并不提供现成的结论，而是设置一系列的情境，让学生依据材料自行探究、判断并得出结论。英国的教材《生命线》就是典型的佐证。

二、我国大学生思政课程特点

（一）思想性

在我国，大学阶段，学生将参加各种各样的社会实践活动。其中，各专业学科的实践教学，如实习、见习、毕业设计等占有较大的比重。和其他学科的实践教学相比，大学生思想政治理论课实践教学最大的特点就是它具有极强的思想性。

思想性是大学生思想政治理论课实践教学学科性质的要求。思想政治理论课实践教学属于高校思想政治理论课的一部分，其学科设置的目的就是增强马克思列宁主义、毛泽东思想、中国特色社会主义理论体系等课程效果的实效性。因此，思想政治理论课实践教学应该将贯彻思想性放在首位，关注思想政治理论课教学目标达成情况。

实践教学实践的全过程都应该将思想性放在首位，应该将思想性渗透到活动目的、活动内容、活动设计与实施、活动效果评估环节中，用思想性目标的达成作为判断大学生思想政治理论课实践教学实效性的首要指标。

（二）多样性

1.内容多样

我国的思想政治理论课实践教学的教学内容，包括了大学思想政治理论课的方方面面。本科阶段的"马克思主义原理概论""毛泽东思想和中国特色社会主义理论体系概论""中国近现代史纲要""思想道德修养与法律基础""形势与政策"等必修课，专科阶段的"毛泽东思想和中国特色社会主义理论体系概论""思想道德修养与法律基础""形势与政策"等必修课和丰富的选修课为实践教学提供了广阔的天地。

在实践教学中，我们可以体验到马克思主义哲学教育的深沉和博大，科学社会主义的严谨和细致，中国近现代历史的曲折和深邃，毛泽东思想的原创和高远，中国特色社会主义理论的求实和精微；我们能够触摸到理想信念的滚烫热量，爱国主义的澎湃激情，人生价值的乐观积极，美德伦理的灵魂净化，法治中国的坚定步履。

思想政治理论课实践教学是开放的，人文社会科学的学子们，可以从自己的专业和兴趣选择项目，运用自己所学的政治学、经济学、社会学、心理学等专业知识和技能开展研究。思想政治理论课实践教学是包容的，它欢迎理科、工科、农林和艺术等学科的学生运用自己学科领域的专长，在实践自己专业的同时，心系天下苍生，开展思想政治理论课相关专题研究，为自己的成长、成才增加正能量。

2.形式多样

按照教学空间来划分，思想政治理论课实践教学可以分为课内实践、校园实践和社会实践。课内实践活动包括讨论、辩论、演讲、视频观摩等，校园实践和社会实践有经典阅读、调查访问、参观调研等。除此之外，还有各种各样主题实践活动,如"学雷锋主题宣传""心理健康宣传""青年志愿者活动"等。另外,随着网络技术的普及,互联网成为思想政治教育的重要阵地,思想政治理论课实践教学的网络实践也是目前的一大热点。

3.组织多样

按照组织结构来分,思想政治理论课实践教学有自主型的实践活动和指导型的实践活动。自主型的实践教学旨在充分发挥学生的主观能动性,由学生自选项目、独立研究、自评互评,教师则负责方法指导、进度监督、团队管理、成果交流等方面,指导型的实践活动要求教师深入介入学生实践教学的各个细节,对"选题—实施—评价—总结"环节进行详细指导。

按照学生组织方式来分,思想政治理论课实践教学有个人完成的实践教学和小组完成的实践教学,目前,实践教学学生小组是重要的组织方式,同学们应该积极参与团队学习,从团队交往中,取长补短、相互学习、获取新的知识,在团队的成长中锻炼自己的能力。

(三)综合性

1.内容综合

思想政治理论课实践教学与理论教学关系密切,开展实践教学活动应该立足于人才培养目标,内容明确,方法具体。但是,在具体活动实施时,我们应该注意从整体加以把握研究主题,不能就事论事,不能囿于学科和章节界限,不能简单地、孤立地对生动活泼的现实进行切割。

强调思想政治理论课实践教学的综合性的目的是为了加强我们对其内容理解的深度和广度。大学生思想政治理论课实践教学,应该从整体上把握思想政治教育的整体性和综合性的特点,反对实践中对马克思主义的割裂,围绕着课堂实践、校园生活和社会实践,科学运用马克思主义基本原理,为社会主义建设服务。但是,也应该反对生搬硬套、穿凿附会和"穿靴戴帽"的肤浅。

此外,思想政治理论课实践教学并不排斥对其他学科的知识和方法的使用与借鉴,在实践教学中,有许多同学都使用了自己所学专业的相关知识和理论,为实践活动增色不少。

2.方法综合

实践教学方法多种多样。在实践中,多种方法穿插交替,方法综合的现象无所不在。首先,在实践教学中应该实现理论研究方法和田野研究方法的综合。思想政治理论课实践教学各个环节离不开马克思主义理论教学中的理论、原理和方法的指导。其次，实践教学中应该有课堂实践和课外实践（校园实践、社会实践）的综合。比如，以学生问卷调查为例，一般有小组讨论（辩论）、文献查阅、小型座谈会、问卷设计、抽样统计、写作和成果展示等多种方法应用，其中充分的讨论和辩论，能使同学们加深对实践内容的了解，进一步提高实践教学的水平。再次，实践教学中有思想政治理论课和其他学科方法的综合。不论项目选题、小组组建，还是实践活动的实施、总结，实践教学小组成员都需要综合应用多种多样的技能和方法，如管理协调、执行监控、语言表达、数学统计、美工设计、计算机和网络运用等技能和方法。

3.组织综合

大学生思想政治理论课实践教学有着巨大的活动空间，能够吸纳学校、家庭社会的正能量，因此，良好的组织方式也是保证活动成功的要素大学生思想政治理论课实践教学有自主型和集中型两种组织形式，它们各有优缺点。自主型实践教学成本低、适应性强，但是，学生实践的水平不一，容易"放羊"；集中型实践教学教师指导力度大，效果有保证，但是在师生比失调的条件下较难推广。因此，最佳的方式是在两者之间进行系统整合，使思想政治理论课实践教学能够实现不同年级和学科之间的统筹，使得学生既有参与自主型实践的机会也有参与教师指导型实践的机会。

第三节　国外经验对我国思政课实践教学的参考

西方国家的思想政治教育实践活动始终坚持家庭、社会和学校共同参与的原则，坚持隐蔽性教育和显性教育相结合，注重学生的广泛参与和个体情感体验，为培养符合资本主义意识形态和价值观、具有爱国精神和法制意识的合格公民，发挥了极其重要的作用，其思想政治教育实践活动值得我们借鉴。

一、注重学生在参与中获得道德发展

道德教育应鼓励学生，通过自己的认知活动和实践活动获得道德上的成熟。苏格拉底主张通过与别人谈话、讨论或辩论，激发受教育者寻求真理的积极性，引导受教育者自己进行思考，探求问题的答案，去发现真理。亚里士多德认为，"智德"（理智的道德）主要是训练、教育的产物，而"行德"（道德方面的美德）的产生发展主要是习惯的结果，即是在日常生活中依据理性的指导，反复实践得来的。在20世纪初的道德教育理论家中，强调活动（学生自主活动）的道德教育者更是不乏其人。杜威无疑是当中最重要的代表人物。杜威主张，"使学生认识到他的社会遗产的唯一方法是使他去实践"。因为，他认为，"除了教育者的努力同学生不依赖教育者而自己主动进行的活动联系以外，教育者便变成了外来的压力。这样的教育固然可能产生一些表面的效果，但实在不能称它为教育"。

二、通过立体网络施加影响

学校教育、家庭教育、社会教育的有机结合，从而构成了道德教育的立体网络。这也是国外道德教育的一大显著特征。

日本非常重视家庭教育。家庭教育在其道德教育的立体网络中发挥着巨大的作用。日本的家长总是尽个人最大的财力与物力，千方百计地把下一代培养成一个有知识、有文化、有教养的人。学校在开展道德教育活动时，利用社区的教育力量，主动接受家长和社区的支援。

新加坡的学校教育、家庭教育和社会教育既有各自的独立性，又相互配合，相互渗透，全方位、立体化地形成道德教育网络。新加坡的学校在实施德育的过程中，特别重视家庭教育对学生品德形成的影响作用，强调学校应与家长建立良好的联系，各学校都要建立家长联谊会，建立广泛的社会教育网、教育监督站，创立融学校和社会机构为一体的互动合作的文明社区。

美国的学校教育同样重视与家长和社会的合作。各高校都成立有"家长一教师协会"或"联谊会"，每学期召开两次会议，交流学生情况和学校教育设想，共商德育大计。

三、主张"学校即社会"的开放德育观

杜威认为："学校本身必须是一种社会生活，具有社会生活的全部含义。社会的知觉和社会的兴趣，只有在一个真正的环境中才能发展。在这种社会环境里，彼此平等相处，建立共同的经验。他主张，"校内学习应与校外学习连接起来"。然而要使两者之间能够自由的相互影响，只有当校内学习和校外学习有无数接触点的时候，才能真正实现。因此，道德教育必须是开放的，学校的道德教育也只有与社会生活协调统一，才能获得实际的效果并得以巩固。

新加坡的高校推行真实教育，主张学校道德教育向学生展示真实的社会道德生活面貌，传授的道德知识、道德原则、道德规范，应该是社会上真实可行的，符合社会推行的奖惩标准和利害后果。

在英国，一些教师指出，道德教育应坚持针对现实问题，客观地分析和审视学生所关心的一切道德问题。日本的大众传媒在道德教育中发挥着重要作用，传媒常常利用各种方式将政府的活动、施政方针以及某些高官的违法乱纪行为等公布于众，连续报道加以评论，或者进行舆论调查和民意测验，引起社会各界的广泛注意，从而形成社会舆论，构成一种政治压力，迫使政府采取措施挽回影响，这无疑会促进学生的政治社会化和道德社会化过程。

四、重视心理辅导培养健全人格

心理辅导作为指导帮助学生排除心理障碍，促进学生健康成长的必要手段，在道德教育中的作用不容忽视。国外高校的心理辅导体系相对健全和专业化，是解决学生思想问题、健全人格发展的一种重要方法。

国外高校的心理辅导专业性很强，有一批经过严格训练的辅导队伍，有一套行之有效的辅导理论和技巧，可以为各种不同层次的学生提供多种专门化的咨询辅导服务。美国的高校一般都会聘请心理咨询专家配合学校专门调解人事纠纷，运用心理辅导疗法为当事人排疑解难。辅导中心更是全面为学生提供发展咨询、适应咨询、障碍咨询，甚至包括学习指导、就业指导等服务，在学生中很受欢迎。日本近8%的学校也都建有心理咨询机构。

国外面向青少年学生的辅导工作已经实现了由"矫治取向"向"发展取向"的转变，更加侧重于促进学生健康人格和心理适应能力的发展，开发学生的各种潜能，对学生的道德成长及全面发展可以说发挥着举足轻重的作用。

第二章　高校思想政治理论课实践教学改革的目标指向

　　思想政治理论课程是落实立德树人根本任务的关键课程，是对大学生进行系统思想政治教育的主渠道，是保证其成为德才兼备人才的重要措施。习近平总书记在学校思想政治理论课教师座谈会上的重要讲话中强调，"办好思想政治理论课，最根本的是要全面贯彻党的教育方针，解决好培养什么人、怎样培养人、为谁培养人这个根本问题""青少年阶段是人生的拔'拔节孕穗期'，最需要精心引导和栽培""我们办中国特色社会主义教育，就是要理直气壮开好思政课"。习近平总书记从党和国家事业发展的全局出发，深刻阐述了办好思政课的重大意义，深入分析了教师的关键作用，明确提出了推动思政课改革创新的重大要求，坚定了广大思政课教师把思政课办得越来越好的信心和决心，为我们推进思政课建设指明了前进方向、提供了重要遵循。

第一节　推进高校思想政治理论课实践教学改革的必要性

高校思想政治理论课实践教学不仅能巩固思政课的理论教学内容，而且能增强学生的理论思考习惯和理论思维能力，激发爱国热情、培养服务人民、奉献社会的情感，在思政课教学中具有特殊的地位和意义，是课堂教学的延伸拓展。目前高校思想政治理论课实践教学取得了很多的成就，但高校思想政治理论课实践教学的活动建设和教学要求有待完善。改革与创新是增强思政课实践教学效果，使高校思想政治理论课实践教学真正落到实处的唯一途径。

一、强化高校思想政治理论课实践教学是马克思主义理论本质上要求

马克思主义理论本质特征要求实践与理论相结合，也是马克思主义所坚持的基本原则。理论联系实际的原则，体现了认识与实践相统一、矛盾的普遍性和矛盾的特殊性相联结的马克思主义的认识论和辩证法，是辩证唯物主义世界观在无产阶级政党作风上的具体表现。坚持这一原则，必须反对形形色色的主观主义和形而上学思想。

在具体的生产实践中产生了马克思主义理论，无产阶级的斗争实践是马克思主义理论产生的基础，马克思主义基本理论以科学家对客观世界内在的探索规律为存在基础，并且恩格斯、马克思在具体的实践活动中不断地发展和丰富了自身的理论体系，恩格斯在具体的论著中写到，马克思主义是对客观世界的研究和使用方法并不是一种理论上的教材。中国共产党人在中国的改革和实践中将马克思主义与中国具体实践相结合，先后挽救了中国的革命和改革，带领中国人民实现了民族独立、自主，并且将马克斯主义的理论通中国具体的经济发展相结合，通过伟大的理论实践创举坚持了马克思主义的理论和实践发展。

马克思主义在当代中国的创新发展成果就是中国特色社会主义理论。中国特色社会主义理论形成和发展的实践基础是中国特色社会主义发展道路的开辟和发展，只有了解中国特色社会主义发展的历史与现实，投身于中国特色社会主义建设的实践，才能对理论本身有深刻的理解，并用以指导自身的实践。

高校思想政治理论课的整体教育目标，主要体现在以下三个方面：一是在理论层面上，是大学生掌握马克思主义的基本立场、观点和方法，认清人类社会的发展规律和社会主义的运动规律；二是在观念层面上，使大学生形成正确的世界观、人生观和价值观，认同社会主义核心价值体系；三是在实践层面上，是大学生自觉运用马克思主义、毛泽东思想和中国特色社会主义理论指导自身的实践，积极投身于中国特色社会主义的伟大实践。由此可见，高校的思政课承担了马克思主义理论的宣传和教育任务，不仅要坚持理论与实践相统一，在增强书本知识的教学下，通过思想政治理论课实践教学巩固思政课的理论教学内容，增强学生的理论思考习惯和理论思维能力，激发爱国热情，培养服务人民、奉献社会的情感；构建德智体美劳全面培养的教育体系。

二、突出高校思想政治理论课实践教学是现代教育理论要求

以学生为中心是现代教育理论的基本教育思想和要求，学校在积极为学生创造理论知识学习的机会时，也要积极鼓励学生探索实践，运用理论知识解决实际问题。在改革开放的几十年中，人们的生活方式、思维方式以及价值取向已经发生了巨大变化，高校的大学生在改革的洪流中也受到了深深的影响。高校学生在接受新思想和新事物的过程里有着很大的优势，首先是高校的学生正处于朝气蓬勃的发展阶段，有着丰富敏捷的思想，更容易接受新的事物和思想；其次，大学生还未走出校门，涉世未深，尚浅的社会阅历更容易打造和打磨。因此在高校的思政课教学中只有不断加强思政课教学的实践性，才能有助于不断提高学生的主观能动性以及对马克思主义的高度认同感。

实践教学在实质上应该是一种教学理念，在这种理念的指导下，具有实践教学能力的教师运用实践教学的方式进行实践教学活动，帮助学生掌握实践能力。这种教育理念应该渗透到学校教育中，用这种理念指导学校进行教学管理和指导教师进行教学工作，从而使之能够围绕学生的实践能力的提升而展开。从主体上看，实践教学能力可以分为教师和学校的实践教学能力两种。教师的实践教学能力更侧重于教师的实践能力和教学能力及将二者相结合灵活运用到教学中的教学组织、设计能力，除此以外，还包括实践教学结束后的评价反思能力及实践教学研究能力。而学校的实践教学能力则更侧重于实践教学的组织管理，培养教师的实践教学能力和学生实践能力，评价教师实践教学效果和考

查学生实践能力，建设实践实训基地与校企合作平台，等等。

比如，基于OBE教育理念的思想政治理论课实践教学契合了加强实践教学、提升思想政治理论课的吸引力和时效性的现实需求。成果导向教育（Outcome based education），简称OBE，也称能力导向教育、目标导向教育或需求导向教育。OBE强调教育结构和课程只是手段而非目的，教学设计和实施的目标是学生最终达到的学习成果。目前，OBE教育模式的应用主要集中在工程类专业或者工程实践类课程中，而管理、思想政治等文科类专业或者文科课程应用较少。但事实上，思想政治理论课程是特别强调实践、重视学生学习成果的课程。以OBE教学理念为借鉴，来反思教学过程，重新确认要最终达到怎样的学习成果，并以此来修正教学策略和教学方法。在教学实施过程中，首先，针对课程教学目标和特点确定实践教学主题和知识、能力和素质培养目标；并在学期之初就引导学生思考并确定自己的目标和计划，从"成果"的高度来对待这次实践而非仅仅是一项普通的作业。指导学生建立实践小组，并搭起交流的组织架构。充分利用现代网络技术手段如QQ、微信群来搭建学生交流及互助的平台，实现教师对实践过程的参与和指导。其次，强调将"以终为始，逆向教学设计"的OBE教育理念反馈到课堂教学。收集和提炼学生遇到的普遍性的问题和困惑，在相应的理论教学过程中做出分析，既加强了学习的针对性和实效性，丰富了课堂教学，又对实践过程全程跟进并给予理论指导。最后，在期末组织学生提交实践报告并进行交流汇报。通过汇报交流，可以进一步扩大主题实践的影响，产生更大的教育意义。条件允许的话，还可以组织成果汇报展览形式，将学生的实践报告结集成册。这项主题实践为学生提供了深刻思考自我与外界关系的机会，有了更清晰的社会和历史责任感，使同学们的世界观价值观人生观得到锤炼和提升。

深刻把握实践教学的内涵，了解实践教学的本质特征和实质内容，有助于全面提升学生实践能力，提高教师的实践教学能力；有利于实践教学的深化改革，从根本上促进教学质量的进一步提升。

三、推动高校思想政治理论课实践教学是思政课改革创新的重大要求

深入贯彻落实习近平总书记在学校思想政治理论课教师座谈会上的重要讲话精神，有效发挥思政课实践教学的育人作用，切实提升高校思想政治理论

课实践教学实效性与可操作性是思想政治理论课改革创新的重要要求。育人之本，在于立德铸魂。党的十八大以来，以习近平同志为核心的党中央对加强高校思想政治工作作出一系列重大部署。对如何用好课堂教学这个主渠道，习近平总书记提出，"思维要新，学会辩证唯物主义和历史唯物主义"。思想政治理论课要坚持在改进中加强，提升思想政治教育亲和力和针对性，满足学生成长发展需求和期待，为思政课教学改革提供了总遵循。对于如何推动思想政治理论课改革创新，习近平总书记在学校思政课教师座谈会上的讲话中提出了"八个相统一"：要坚持政治性和学理性相统一；坚持价值性和知识性相统一；坚持建设性和批判性相统一；坚持理论性和实践性相统一；坚持统一性和多样性相统一；坚持主导性和主体性相统一；坚持灌输性和启发性相统一；坚持显性教育和隐性教育相统一。

　　这"八个相统一"是思政课改革必须遵循的重要原则。这"八个相统一"内涵丰富，直面思政课教学中的重大问题和广大教师关心的热点问题，是思政课改革的指导原则，结合思政课的教学实际，不断创新方式方法，学生才会受益无穷。办好思想政治理论课，破解高校思想政治工作短板，必须推动高校思想政治理论课改革。有效系统的推进思想政治理论课改革，是高校思想政治教育理论研究与实践活动相结合的重要课题，也是检验高校"培养什么人"、"如何培养人"以及"为谁培养人"的重要内容。思想政治教育的最终目的是为社会主义建设培育合格的人才，学生知识的积累、能力的提高、对社会价值的认可和国家合法性的持久忠诚，有利于形成共同的精神支柱与精神动力，最终外化为具体的实践行为。高校思想政治理论课改革关系高校培养什么样的人、如何培养人以及为谁培养人这个根本问题，也是提高思想政治教育实效性的关键举措。高校思政课改革需要整合多方力量，需要教育行政部门、高校、相关机构和众多专家学者的共同参与来推动。

　　为深入学习贯彻习近平总书记在学校思想政治理论课教师座谈会上的重要讲话精神，切实办好学校思想政治理论课，天津出台深化新时代思政课改革创新的十项措施：完善大中小学思政课一体化建设机制，成立学校思想政治理论课建设指导委员会，构建梯次推进、系统衔接、大中小学一体化的思政课教育体系；建立党政领导干部讲思政课的常态机制，落实市委、市政府领导同志做一次报告、搞一次调研、办一件实事"三个一"联系高校制度；按照"六要"

开展思政课教师全员培训，打造政治强、情怀深、思维新、视野广、人格正的高素质思政课教师队伍；推广"大家说理"融媒体思政慕课，运用电视媒体和网络媒体相结合的形式，打造一批具有天津特色的新时代融媒体思政公开课；推进新时代思政课实践教学创新，把思政小课堂同社会大课堂结合起来，建设一批学生思政课实训基地，构建实践育人共同体；实施"八个相统一"思政课示范工程，让思政课讲出理论深度和情感温度；实施"课程思政"优质百课培育工程，建设100门高校"课程思政"精品课和100门中小学"学科德育"示范课；实施马克思主义理论学生社团铸魂工程，全面加强党对学校群团工作的领导，深化高校学生会、研究生会改革，培养对党忠诚、信仰坚定、素质优良、作风过硬的学生骨干，把广大学生凝聚在党的周围；优化思政课教师保障体系，单独研究制定以教学效果为核心的思政课教师职称评审标准，单设职称比例、评审组，独立开展职称评审；压实各级党组织思政课建设主体责任，推动形成全党全社会努力办好思政课、教师认真讲好思政课、学生积极学好思政课的良好氛围。

坚持用习近平新时代中国特色社会主义思想铸魂育人，着力推动思政课改革创新，引导学生增强"四个自信"，把爱国情、强国志、报国行自觉融入坚持和发展中国特色社会主义事业、建设社会主义现代化强国、实现中华民族伟大复兴的奋斗之中。提高思政课的实效，把思政课办得越来越好，是时代赋予我们的光荣责任。新时代，新征程，努力建设一支高素质专业化的思政课教师队伍，更好落实立德树人根本任务，我们定能培养好德智体美劳全面发展的社会主义建设者和接班人。

四、改革与创新高校思想政治理论课实践教学是切实增强思政课教育教学效果的要求

办好思想政治理论课，对培养一代又一代社会主义建设者和接班人具有重要意义。切实发挥高校思想政治理论课的教育引导作用，就要在增强实效性上下功夫，不断提高思政课的吸引力、亲和力、说服力、感染力，使其成为大学生真心喜爱、终身受益的优秀课程。思想政治理论课是落实立德树人根本任务的关键课程。习近平总书记强调，推动思想政治理论课改革创新，要不断增强思政课的思想性、理论性和亲和力、针对性。贯彻落实总书记的重要指示精

神，把高校思想政治理论课建设成为大学生真心喜爱、终身受益的优秀课程，就要在增强实效性上多下功夫，更好发挥其塑造大学生灵魂的主渠道、主阵地作用。

思政课最大的问题在于理论脱离实际，这种空洞、单调、枯燥的理论灌输造成了学生对思政课"不欢迎"，一直学不好，直接影响思政课教育教学的效果。思想政治理论课教师向学生传授马克思主义理论的目的，就是让学生用学到的马克思主义理论去指导自己的行动，用理论去指导自己的实践。实践教学是思政课教学中不可或缺的重要环节。

实践教学取得了课堂讲授无法达到的效果，但也存在很多问题。首先，实践内容缺乏创新，没有明确的教学目标，缺乏系统规划、流于形式，制约了思政教育功能的发挥。而校外实践由于费、组织和安全等原因难以普遍开展，且难以贯穿整个课程周期，效果也大打折扣。其次，实践内容与思政课程教学内容相脱离，"思政"课程属性未能凸显。比如将纯粹的"专业调查"当做"思政实践教学"的组成部分，实践内容与课程内容难于相互呼应，找不到共鸣和衔接点。最后，教师主导地位缺失，师生缺乏交流和互动。因为经费、组织等方面的问题，很多校外实践教师无法跟进。实践成果多体现为书面材料，难免存在形式主义，甚至抄袭、造假的情况，教师很难客观评价，难以充分发挥教师对实践应有的指导性作用。总而言之，实践教学虽普遍开展但效果却差强人意，学生积极性和参与度不够，影响了课程实效性的发挥。

思想政治理论课的授课内容要贴近大学生实际，不断增强高校思政课的吸引力。增强高校思政课实效性最基本的要求，就是要让大学生有获得感。这种获得感来自两个层面，一是知识获得感，能够让大学生通过课程学习获得相关的理论知识；二是思想获得感，主要表现为思想品德的提高、思想困惑的消除等。让大学生有获得感的一个重要前提条件，是大学生真心喜欢这门课程，这就要在增强思政课的吸引力上下功夫。一是掌握学生的成长规律和思想特点，使授课内容更加贴近学生实际；二是善于将深奥的理论用深入浅出的语言讲清讲透，对大学生关心的热点、难点、疑点问题及时有力地给出回应；三是寻求教学内容与大学生具体情况的结合点，善于从大学生的生活、学习实际出发，满足大学生成长、发展需求和期待，使大学生亲身感受到思政课给他们带来的益处。

创新实践教学方法，不断增强高校思政课的亲和力。良好的教学方法能激发学生的求知欲望和学习兴趣，是提高思政课效果的必要手段。近年来，不少高校思政课教师通过课程创新，形成了一批有影响力和实效性的实践教学方法。每一种创新型教学方法的运用，都从不同的角度提升了教学质量，增强了思政课的亲和力和针对性。如校园议题式实践教学调动了大学生参与课堂的热情，变被动学习为主动学习，增强了大学生运用知识、深度思考问题的能力；课堂案例式实践教学把抽象的理论与生动事例结合起来，增强了大学生观察问题、分析问题的能力；社会实践式实践教学把思政小课堂同社会大课堂结合起来，引导大学生参与社会实践，在实践中体悟科学理论的价值，增强了大学生认识社会的能力。这些创新型教学方法的运用，既增强了思政课的亲和力，提升了教学效果，又提高了大学生分析和解决问题的能力。

五、重视高校思想政治理论课实践教学是切实提高学生思想道德素质的要求

"从思想政治品德形成和发展的规律来看，在思想政治品德的形成发展过程中，知、情、信、意、行五要素是相互联系、相互影响、相互渗透、相互制约。知是情、信、意的基础，是行的先导；情是知、信、意的催化剂，是行的推动力；信是知、情、意的'合金'，是行的强大动力和精神支柱；意是知、情、信的必然体现，是行的杠杆；行则是知、情、信、意辩证运动的外在表现和一般结果，是进一步强化、巩固知、情、信的基础。任何人思想政治品德的形成发展过程，都包含这五个心理要素，是这些要素不断均衡发展和相互适应以及知行转化循环往复、螺旋式上升的内在矛盾运动过程，缺少任何一个要素或各要素的发展不均衡、不协调，都难以形成健康的思想政治品德。"可见，高校思政课教学必须遵循理论与实践相结合的原则，才能真正有效增强思政课的教学效果，切实提高学生思想道德素质，帮助学生健康成长。

注重运用真理的力量，不断增强高校思政课的说服力。马克思曾说："理论只要能说服人，就能掌握群众，而理论只要彻底，就能说服人。"高校思政课不是通过强制的方法，而是通过讲道理的方法教育、引导、熏陶学生。好的高校思政课是"有道理"的思政课，能让大学生有理论的收获、思想的启迪、后续的思考，能触动大学生的心灵，能说服人。从实际看，当代大学生有理论思考的需要，有理论分析的兴趣，面对多样化的社会思潮，他们希望老师能帮助他们从理论高度解疑释惑，从而能够更好地运用理论的武器来抵制和批驳各种错误思潮。因此，高校思政课要坚持政治性和学理性相统一，以透彻的学理分析回应学生，以彻底的思想理论说服学生，用真理的强大力量引导学生。高校思政课教师要把马克思主义基本理论讲清楚、讲透彻、讲深刻、讲生动，注重以真理的力量感召学生，以深厚的理论功底赢得学生，让学生深刻感悟马克思主义真理的力量。

六、加强高校思想政治理论课实践教学建设是提高教师综合素质的要求

进一步提高教师的综合素质，为办好思政课提供有效保障。教师是立教之本、兴教之源。办好思政课，离不开一支政治素质过硬、业务能力精湛、育人水平高超的高素质专业化思政课教师队伍。习近平总书记强调，办好思想政治理论课关键在教师，关键在发挥教师的积极性、主动性、创造性。思政课教师，要给学生心灵埋下真善美的种子，引导学生扣好人生第一粒扣子。高校思政课教师要成为先进思想文化的传播者、党执政的坚定支持者，更好地担起大学生健康成长指导者和引路人的责任，就必须不断提高自身综合素质。要按照习近平总书记提出的政治要强、情怀要深、思维要新、视野要广、自律要严、人格要正的标准要求自己，以德立身、以德立学、以德施教，坚持教书和育人相统一、言传和身教相统一、潜心问道和关注社会相统一，自觉发挥积极性、主动性、创造性，用高尚的人格感染学生，用渊博的学识引导学生，做为学为人的表率，做让学生喜爱的人。

（一）思想政治理论课实践教学师资队伍建设必要性

思想政治理论课实践教学既包括在理论教学中融入社会热点问题作为案例，引导学生运用所学理论知识来理解、解决问题，尤其是社会上的热点、难点、焦点问题，这属于传统政治理论课教学的延伸。同时，更重要的是在课后的时间考察，如有针对性的参加革命传统根据地，寻访老少边穷地区，考察国情、民情等。思政课通过实践教学不仅能够有效巩固和提高学生的专业知识，而且可以提高学生解决问题的能力，培养学生的创新能力。然而，当前思政课实际按教学师资队伍的缺乏和专业程度不高是影响实际按教学有效性的一个重要因素，成为制约思政课实践教学工作发展的瓶颈。

第一，培养专业的政治理论课实践教学队伍是适应当前就业形势的必然举措。出于企业利益考虑，在招收毕业生时，企业更加注重对应聘者的专业技能和社会实践能力的考察，因此，理论与实践功底均扎实的学生更能够获得企业的青睐。高等职业教育培养职业应用型人才的摇篮，教师需要理清从事思想政治理论课实践教学工作的师资队伍所应具备的能力。思想政治理论课师资队伍能够适应社会的需求，在思想政治理论课的实践教学中，才能以"行"为归宿，做到"知与行"相统一，以达到真理与价值的统一。

第二，培养专业的政治理论课实践教学队伍是全面提高职业院校办学质量的重要途径。一方面，毕业生就业质量不高的重要原因之一是缺乏一支专业的实践教学师资队伍进行指导。社会发展的速度之快要求教师在面对新情况、新形势时有足够的专业敏感性，能够有更丰富的实践经验，如若职业院校思想政治理论课实践教学队伍职责不够细化、分工不明、专业素质不高的话，教学质量将大打折扣。另一方面，思想政治理论课的教学目的在于引导大学生树立正确的世界观、价值观和人生观。而提高教师队伍的实践经验，有助于教师引导学生进入社会、更好地了解、认识世界，也给予学生社会实践更好的指导，进而提高思想政治教育的实效性。随着高校政治理论课教学方法的不断改革和发展，实践教学已然成为教学改革的一大亮点，一支具有深厚的理论基础、良好的表达能力，较强的动手能力、应用能力的师资队伍将是全面提高大学生思想政治教育水平的中坚力量。

第三，培养专业的思想政治理论课实践教学队伍是由教师在实践教学中的主导地位决定的。首先，教师是整个实践教学工作的组织者和指导者。政治理论课的实践教学有别于其理论教学，要求指导教师既具有扎实的理论功底，又必须具备较为丰富的实践经验以及较强的实际操作能力。其次，教师是实践教学过程中的监督者和评价者。教师在实践教学中起到把关人的作用，对学生的实践能力，实践效果的科学性和准确性做出判断，并将评价结果随时反馈给学生，在互动的过程中共同努力，共同进步。最后，教师的实践教学方法、态度对学生的实践水平和积极性造成直接的影响。如果说学生是政治理论课实践教学中的主体，那么教师则发挥着主导性作用。若教师能够在实践教学中积极引导学生认清实践教学的目标和意义以及对职业发展的影响，那么，学生则会增强对实践教学本身以及相关理论课学习的热情和兴趣。

（二）思想政治理论课实践教学师资队伍建设路径

近年来，高校政治理论课理论教学工作正在逐步与实践教学活动接轨，许多学校正以学生校内外挂职锻炼等活动为载体，积极发挥实践教学的作用，提高学生培养的质量。今后，要进一步完善实践教学的体系，健全相应的激励、保障、约束、考核、管理等机制势在必行。

第一，提高高校管理层对实践教学的重视程度，建立健全人才准入制度。将专业精神的人才选拔到实践教学队伍中来是提高队伍质量的首要条件，不仅提高了队伍的整体素质，同时也为整支队伍注入了生命力和活力。这就要求学校各部门领导加强对实践教学工作的重视，在选拔实践教学教师队伍人才的时候提高准入标准。其一，转变观念，重视实践教学师资队伍，强调队伍的专业性。从领导层面到普通教师层面都要形成统一的认识，尽可能地筛选出水平高、能力强、综合素质好的实践教学人才，作为实践教学的骨干力量，加以重点培养。其二，创新理念，优化师资队伍结构。在教师的配置上，应强调合理的队伍结构。一是专业结构要合理，不能仅限于单一理论教学指导实践教学工作，应加大实践教学师资队伍的培养力度。二是要保障合理的年龄结构，使老中青教师形成梯队；三是，讲求教师学历比例的合理，不是学历越高越好，而是要合理搭配；最后，性别结构要合理。这样，整个实践教学师资队伍才能相互配合，协同发展。

第二，完善考核培训体系，建立评估奖惩机制。一方面，通过严格的选拔考试筛选进来的人才必须经过定时、定量的培训才能巩固所学的专业知识，确保队伍具备成熟的知识素质、信息素养。其一，及时更新知识，加强继续教育。与理论相比，时事政治、国家形势更新的速度要更快，这就要求从事政治理论实践教学工作的教师能够进行知识更新，及时掌握国家大小事务的发展动态。其二，进行常态化的培训。学校或院系提供实践教学师资的培训经费，安排教师进行短期进修、成果交流与企业实习，以弥补实践教学能力不足，理论脱离实际的问题。另一方面，加强政治理论实践教学队伍的严格考评，实现优胜劣汰，才能保证队伍有进有出，人才自然流动，鼓励和吸引更多优秀人才到教学队伍中来。其一，给予实践教学师资队伍政策倾斜，改善实践教学队伍的整体结构和水平。而实践教学获奖成果则纳入教学成果奖励。其二，要提高待遇，激发队伍的工作热情。为鼓励实践教学工作者主动从教学改革，提升自身专业素养，特设业绩奖励，高水平成果获得高额奖励，奖励津贴全部由学院自筹。另外，将承担实践教学、参加实践能力提升的相关活动作为专业教师必须承担的任务。当然，在管理上不能一味地奖励，应奖惩结合，对于绩效考核中不符合职责要求的教师，应批评教育或是调离岗位。拥有严格的规章制度，才能够培养出一支具有奉献精神的专业化队伍。

第三，为实践教学人才提供良好的成长环境。高校为思想政教育实践教学人才提供的成长环境，决定了实践教学工作能否持续、科学的发展。一方面，建立更有效的激励机制，例如，缩小实践教学老师与理论教学老师工资上的差距是吸引人才向实践教学岗位流动的一项有效激励措施；又如，通过独立设置实践教学岗位，为实践教学师资队伍提供科学、合理的晋升通道。另一方面，改善教师的生活和工作条件，切实解决教师困难。马克思说："人们奋斗所争取的一切，都同他们的利益有关"。因此，解决教师队伍生活、工作中的困难，将从根本上保障这支队伍的稳定性、持久性。

思想政治理论课是落实立德树人根本任务的关键课程。这个根本问题是继全国高校思想政治工作会议后对学校思想政治理论课岗位职责提出的更高更明确的要求。推进高校思想和增值理论课实践教学改革，不断提高思政课质量和水平，推动思政课改革创新，需要进一步解放思想、转变理念，在机制、体制和模式上寻求突破。

第二节 高校思想政治理论课实践教学改革的目标指向

习近平总书记在学校思想政治理论课教师座谈会上强调，"办好思想政治理论课，最根本的是要全面贯彻党的教育方针，解决好培养什么人、怎样培养人、为谁培养人这个根本问题""思想政治理论课是落实立德树人根本任务的关键课程"，这些重要论述为新时代思想政治理论课建设和发展指明了方向，提供了根本遵循。

一、加强党对高校思政课建设的全面领导，落实立德树人根本任务的目标

"思政课作用不可替代。"习近平总书记在讲话中指出，用新时代中国特色社会主义思想铸魂育人，贯彻党的教育方针落实立德树人根本任务。"我们办中国特色社会主义教育，就是要理直气壮开好思政课，用新时代中国特色社会主义思想铸魂育人，引导学生增强中国特色社会主义道路自信、理论自信、制度自信、文化自信，厚植爱国主义情怀，把爱国情、强国志、报国行自觉融入坚持和发展中国特色社会主义事业、建设社会主义现代化强国、实现中华民族伟大复兴的奋斗之中。"

把立德树人作为根本任务，全面贯彻党的教育方针，确保高校思政课建设的正确政治方向，培养好德智体美劳全面发展的社会主义建设者和接班人。做好思政课建设的顶层设计，正视新时代大学生思政课学习需要与思政课建设发展不平衡不充分的这一主要矛盾。进一步健全党对高校思政课领导的责任制，将思政课建设情况纳入各级党委领导班子考核和政治巡视，把思政课建设情况纳入学校党的建设工作考核、办学质量和学科建设评估标准体系。

二、不断增强思政课的思想性、理论性和亲和力、针对性，落实新时代高校思政课改革创新的目标

国势之强由于人，人才之成出于学。青少年阶段是人生的"拔节孕穗期"，最需要精心引导和栽培，最需要帮助他们"扣好人生第一粒扣子"。办

好学校思政课，是为青年人打好精神底色、夯实人生根基，事关中国特色社会主义事业是否后继有人，是培养一代又一代社会主义建设者和接班人的重要保障。

将不断增强思政课的思想性、理论性和亲和力、针对性，作为新时代高校思政课改革创新的目标遵循。思想性凸显了思政课的"高度"，理论性体现了思政课的"深度"，亲和力表明了思政课的"温度"，针对性强调了思政课的"效度"，它们是一个有着内在逻辑的有机整体。其中，思想性这一价值引领是管总的，理论性、亲和力、针对性都是为思想价值引领服务的。实现上述目标遵循，必须要坚持正确的方法论。习近平总书记在学校思政课教师座谈会上的讲话中提出的"八个统一"，既是对以往思政课建设成功经验的系统总结，也是新时代推进高校思政课改革创新的方法论。

三、建立健全长效机制，培养高素质专业化思政课教师队伍目标

把配齐建强思政课教师队伍作为关键环节，建设一支政治强、情怀深、思维新、视野广、自律严、人格正的高素质专业化思政课教师队伍。培养高素质专业化思政课教师队伍，要处理好政治与业务、数量与质量、专职与兼职、教学与科研、思想引导与政策激励的关系。同时，还要建立健全高校思政课教师队伍建设长效机制。思政课教师队伍建设要把政治立场作为教师聘用的首要标准，严把教师聘用政治关，实施不合格思政课教师退出机制。建立健全思政课教师队伍培养培训机制。加强思政课教师的考核、评价、奖惩、晋职、晋升等规范管理，形成有利于优秀思政课教师脱颖而出的公平竞争的良好机制。

四、不断推进党的理论创新与理论武装目标

新时代思政课建设应与党的创新理论武装同步推进。把不断推进党的理论创新和理论武装，作为新时代高校思政课改革创新的强大动力。党的理论创新与理论武装，推动高校思政课课程体系的调整。党的十八大以来，党的理论创新不断推进，实现了马克思主义中国化的新飞跃，这需要调整创新思政课课程体系，加强以习近平新时代中国特色社会主义思想为核心内容的思政课课程群建设。党的理论创新与理论武装，推动马克思主义中国化最新成果"三进"。坚持用习近平新时代中国特色社会主义思想铸魂育人，统筹推进思政课内容建设；尽快研究编制习近平新时代中国特色社会主义思想进课程教材指导纲要；

在全国重点马院率先全面开设"习近平新时代中国特色社会主义思想概论"课的基础上，要尽快编写该课程的马工程教材，以便在各类高校全面开设该课程。

五、内容建设坚持系统思维、课程建设同向同行为目标

高校思政课建设是一项复杂的系统工程，必须在党的领导下，坚持系统思维、协同推进。把坚持系统思维、协同推进，作为新时代高校思政课改革创新的推进路径。一是建设内容上的协同推进。要将课程设置、教材建设、队伍建设、教学改革、学科建设、马院建设等内容一体推进。二是工作格局上的协同推进。要建立党委统一领导、党政齐抓共管、有关部门各负责任、全社会协调配合的工作格局。三是同向同行上的协同推进。推进思政课程与课程思政建设，使各类课程与思政课同向同行，形成协同效应。四是学段衔接上的协同推进。统筹推进大中小学思政课一体化建设，使之循序渐进、螺旋式上升。

第四章　大学生思政课实践教学的模式和组织

国务院在《关于进一步加强和改进大学生思想政治教育的意见》中指出，"社会实践是大学生思想政治教育的重要环节，对大学生成长成才具有无可替代的作用"。中宣部、教育部在《关于进一步加强和改进高等学校思想政治理论课的意见》中提出："高校思政课要加强实践环节，要通过丰富多彩的实践教学活动。提高大学生思想政治素质，深化教育教学的效果，"思想政治理论课是高校的必修课，承担着立德树人的历史重任。思政课实践教学就是以大学生为主体，以思政工作者为主导开展的一系列教育教学活动，大学生通过直接参与课堂、校园、社会各种实践活动，从中获取人生体验，加深对所学理论的理解和实践运用，达到认识社会、了解社会、服务社会、奉献社会的目的。

第一节　思政课实践教学的模式

　　思政课实践教学是思想政治课教学的重要组成部分，是高校落实实践育人的重要手段和有效途径！为了更好地提高思政课教学的实效性，努力让思想政治理论课成为大学生真心喜欢、终身受益、毕生难忘的优秀课程，就需要建立科学化、体系化的实践教学模式，从而发挥思政课实践教学的育人功能。

一、思政课实践教学模式的内涵

　　教学模式实质上是在一定教学思想和教学理论指导下建立起来的、较为稳定的教学活动框架和活动程序。一个完整的实践教学模式应包含理论基础、教学目标、操作程序、实现条件（手段与策略）、教学评价等五个要素。教学模式自身具有一套比较完整的结构和机制，如果把教学模式仅仅理解为一种方法、程序，显然是片面。

　　实践的观点是马克思主义的基本观点，实践是理论洞见、检验、实现以及内化的重要活动。社会主义革命、建设和现代化的实践与理论相辅相成、相互作用构成马克思主义中国化和中国特色社会主义理论产生、传播和发展的机理。把感知实践引入教学过程、引入思政课，增加了魅力，擦亮了理论，成为加深学生对于马克思主义理论理解、提高运用马克思主义理论分析和解决问题能力、促进马克思主义理论内化和学生全面发展的强大武器。

　　思政课实践教学是高校思政工作的重要组成部分，也是高校日常工作的一部分。从实际工作效果来看，要让"实践育人"真正得到落实，必须确立"大思政"理念，构建思政课"大实践"模式，从学生的日常行为、课堂学习和社会活动等多方面运用多种方法进行教育引导，创设以学生为主体的实践活动，通过学生的认知、体验和实践，达到教育的目标。因此，思政课实践教学模式应是根据思政课实践教学思想和理念，从全方位、多维度突出学生主体性的教学活动框架和活动程序。

　　思政课实践教学具有灵活性和可塑性，教学方法丰富多样，教学手段新颖灵活，特别是在互联网技术快速发展的背景下，信息化的手段如VR虚拟场景、远程直播等也广泛应用到思政课实践教学中，形成了一些思政课实践教学创新模式。如"四位一体""四化结合""四四二二"等。但综合来看，思政课实践教学模式的建设要掌握四个要点：

1. 基于理论体系的实践。思政课的实践教学，首先是教学，是知识传授，即追求理论思维的客观真理性，因此要紧扣章节，紧扣理论体系、理论逻辑和理论点。要通过感性实践激发主体能动性，吃透观点、理解理论，产生回归体验，落脚教材的掌握。脱离思政课的知识点、理论点，思政课的实践教学就可能混同于其他实践。

2. 突出政治的教育实践。思政课是大学生立德树人的关键课程，实践教学核心是政治教育和政治认同，是"用习近平新时代中国特色社会主义思想铸魂育人"，树立和内化社会主义核心价值观。正如习近平总书记要求的，培养一代又一代拥护中国共产党领导和我们社会主义制度、立志为中国特色社会主义事业奋斗终身的有用人才，努力培养担当民族大任的时代新人。因此，实践教学的选择和设计必须以习近平新时代中国特色社会主义思想为指导，理直气壮地坚持马克思主义的立场观点和方法。

3. 与技并修的立德实践。高职思政课不同于本科、更不同于研究生的最大变量是"德技并修、工学结合"育人模式。《国家职业教育改革实施方案》具体指标要求是："职业院校实践性教学课时原则上占总课时一半以上，顶岗实习时间一般为6个月……"简单地说：坐在课堂里的时间更少，对于职业道德、工匠精神的要求更高。在这个模式下怎么上思政课？实践教学如何开展？显然，要在内容、设计上结合职业道德和工匠精神的培养。在空间、设计上利用好实习实训场所，把思政课的实践教学搬进工场、车间、法庭、剧院以及实验室和田间地头。在时间布局上与公共课、基础课、专业课实践教学相互融合、同向同行，扎根高职人才培养的过程中开展思政课实践教学。由此，政治引领、高职特点、理论定位可以成为我们寻求思政课实践教学确定性和规范性的基本原则和方向。

4. 实践教学各环节的协同并举，相互支撑和补充的体系化结构。充分尊重学生在思想政治理论学习中的主体地位，通过模式的构建和实施，使教学内容和教学活动更加切合学生的认知和情感特点，引发其学习的积极性和主动性，在实践活动，学生得到心灵的满足和情感的体验，追求情感态度的共鸣，提升反思情感的能力。在提升理论素养的同时，形成运用理论客观地、发展地、全面地、系统地和辩证地观察问题、分析问题、解决问题的能力。

二、思政课实践教学模式的原则

（一）　体现以人为本　强调全面发展

教育的本质在于培养全面发展的人，高等教育更要在人才培养方面下功夫，将人的全面发展作为人才培养的核心价值。高校需要培养出高素质和高技能的人才，不仅要有科学的世界观、人生观、价值观、道德观和法治观，更要有对国家对社会的责任感。在思政课课堂实践、校园实践和社会实践教学等的设计上都要始终体现以人为本，强调全面发展，注重培养学生的综合素质。

（二）　突出高职特色　强调职业素养

高职院校的主要特色是技能型人才培养，高职的办学定位非常明确，以职业能力培养为导向，培养技能型和应用型人才，培养目标突出职业性和行业性。在"校企合作、工学结合"的背景下，思政课实践教学的设计要突出高职特色，强调职业素养，体现职业规范，把"工匠精神"的文化品质和典型案例作为思政课实践教学的一个重要来源，加强职业道德教育和职业忠诚教育。

（三）　重视考核评价　强调知行统一

重视考核评价，强调知行统一。实践教学是过程，考核评价是结果，从某种意义上说，考核评价既是检验实践教学效果的手段，也是开展实践教学的导引。长期以来，思政课实践教学流于形式，收效甚微，原因固然很多，但是与实践考核没能跟上关系密切。因此，在思政课实践教学的设计上要考虑到活动的结果，通过什么样的方式去科学地考核评价，检验学生的知与行是否统一。

（四）　细化实践方案　强调实践目标

古人云"凡事预则立，不预则废"，如果开展实践教学，事先没有做好准备，实践项目可能就达不到预期效果。思政课的实践教学具有很强的目的性，因此，在实践教学活动前要制定一套细化方案，明确实践目标、实践类型、实践时间、实践地点、实践方法、实践流程（包括前期准备、活动过程、后期整理、注意事项等）实践结果、实践评价等。

三、思政课实践教学模式的构建

思政课的实践教学可以在课堂进行，也可以在课外完成；可以在校内进行，也可以在校外完成；可以是说也可以是做。开展思政课实践教学，就是围绕思政课理论内容而开展的、学生通过亲历和体验各种实践活动，它既包括提高技能的教学实践，也包括了以了解国情、社情和民情的社会实践。建立完善的思政课实践教学模式是为了更好的组织实践教学，达到实践教学的教育目标；更好的改革思政课程传统单一的教学模式，让思政课更有"有活力"，有"温度"；更好的激发学生的情感，从认知规律性角度使学生产生对思政课理论内容的情感共鸣和价值认同，达到知行合一。

思政课实践教学主要包括：课堂实践教学、校园实践教学和社会实践教学三个维度。确立"三维一体"的实践教学理念，从学生的主体性角度出发，强调学生的认知体验、情感发反思，运用声、光、电、模、图和网络虚拟技术等多种教学方法，构建"情浸"式三维一体的实践教学模式。

（一） 挖掘思政课"温度"，构建"情浸"式实践体验教学

思政课实践教学不同于其他专业课程的实践实训课程以掌握技术或制造产品为主要目的。思政课实践教学的主要目的是围绕特定的教学内容，通过创设教学情境和体验机会，让学生体会、感悟和思考。让学生在实践、认识、实践的基础上提升认识，从而促进思想政治理论知识的内化。学生通过情感的激发、触动、反思以及心灵的获得和满足的认知体验中形成情感共鸣和价值认同，在知识的内化过程中，形成行为的自觉性，从而达到执行合一。

在实践教学过程中，教师通过精心筛选教学内容，进行教学设计，根据课堂实践教学、校园实践教学和社会实践教学三个维度的不同特点，因势利导，创设生动具体的教学情境。学校也可以充分整合校园文化资源或区域资源协同共享等机制打造情景化思政课校内外实践基地，通过外在的刺激、感官体验和氛围的营造，在教师的主导性教学设计下，让学生自己去体会、领悟和模仿，使学生"浸泡"在情感的"温度"中，提升学生主动学习、主动实践、主动思考的热情，发掘学生的潜在能力，使学生获得真实的体验，形成多层感受和认知。教师在这种"情浸"使教学理念指导下，将课堂教学和课外实践、校内和社会实践结合起来，合理选择课题，带领学生开展选题讨论，同时带领学生走

出校园，走入革命老区，参观历史博物馆，追寻红色印记，体验红色岁月，感知革命先烈的崇高精神和革命斗志。开展社会实践，特别是高职院校，发挥高职院校"校企合作、工学结合"的优势，走进企业一线，感受社会主义现代化建设的蓬勃生机和新时代发展的时代精神，激发学生主人翁的精神，使学生认识到自身的使命和担当。需要注意的是基于思政课课堂实践、校园实践和社会实践三个维度，应把握好各自的特性，确定连续性、分层次的实践教学课题，切勿盲目随意，没有章法，要确立三个维度的层次化实践教学课题，使学生在流畅的感知体验中形成稳定的价值认同。

（二）构建课堂实践教学、校内实践教学和社会实践教学"三维一体"化模式

思政课实践教学的开展是一项系统工程，需要整合多方资源，系统规划。从课堂实践教学、校园实践教学和社会实践教学三个维度充分整合实践教学资源，设计实践课题或项目，根据课程内容和教学目标进行系统化、规范化的教学设计，构建课堂实践+校园实践+社会实践"三维一体"的综合实践教学体系，在教师指导下，引导学生主动参与实践课题或项目中去，以问题导向为驱动，让学生在共同完成实践课题或项目的过程中加深对所学基本理论和基本观点的理解，学会运用马克思主义立场、观点和方法来分析和解决现实问题，从而有效提升学生综合素质。

1. 立足课堂实践，落实"双主体"

课堂教学是思政课的主战场，是进行理论教学的主阵地，也是开展思政课实践教学的有利阵地。但是，课堂实践教学要发挥教师的主导作用和学生的主体作用。教师在思政课教学中的主导作用，就是要求教师要根据教学目标和内容精心设计实践教学主题，制定具体的实践教学方案，指导学生带着问题去思考并完成实践教学任务。学生的主体作用，主要体现在学生是实践活动的主动参与者，根据实践教学主题的要求，自行组建团队，通过团队协作主动完成任务目标，并在次过程中理解理论、生化认识、提升素质。思政课教师在教学的过程中应结合大学生的成长规律与特点，以学生的精神需求为出发点，把思政课讲台分一半给学生，让学生尽情发挥自身主体性作用，激发他们内在学习的动力，培养自主学习能力。譬如：在课前，每堂课前5分钟设计"新闻小播报"实践活动，让学生通过新闻内容了解时事政治，养成关注国内国际形势的习惯，以开阔眼界，丰富见识。在课中，思政课课堂实践教学可以设计主题辩论、演讲、小话剧、诗词朗诵、情景模拟、热点问题讨论、师生角色互换等活动，把课堂话语权交给学生，让学生成为课堂的"主角"，提高学生学习思政课的主动性与参与性，增强学生对思政课的获得感与满意度。在课后，教师可以通过线上平台发布社会热点话题，学生可以随时针对该话题作出自己的评价。只有充分发挥教师的主导性和学生的主体性，做好师生协同，才能使思政课教与学实现知、情、意、行的统一，最终实现教学效果和学生获得感提升的统一。

2. 依托校园实践，发挥第二课堂实践育人

思政课校园实践教学时课堂实践教学的延伸，校园实践的内容可以结合理论教学的内容进行设计。思政课校园实践教学主要以学生社团和校园文化活动为重要载体。校园文化活动常常被人们称为"隐性课程"，是开展思政课校园实践教学的重要平台。要在"大思政"视角下，协调校园文化建设与思政课校内实践，改变过去各自为政的局面，破除"思政课实践教学那是思政课老师的事"的片面观念，协同辅导员、班主任、学生管理部门工作人员甚至是全体教职工共同参与，因为师生共同生活在校园里，每一个教职工的一言一行都可能对学生产生不良影响，只有在学校党委行政共同抓、各部门密切配合、思政老师积极行动、全体教职工通力合作，才能确保思政实践教学的顺利开展。另一方面，在校园文化建设内容中也可以与思政课教学内容相结合，比如在弘扬"精益求精""工匠精神""时代精神""红色文化""社会主义核心价值观"等校园文化建设中，可以提炼出其中的思政课教学内容，建设多功能的实践育人基地、校园文化展室、工匠精神展馆等都可以作为思政课校园实践教学的有效平台，通过教师特定教学内容的主题化设计，学生自主性的学习和实践体验，达到对思政课理论知识的理解和情感升华。

社团活动是思政课校园实践活动的重要载体，特别是思政类社团如"青马社""初心学社""翔宇社"等等都与思政课程内容有着紧密的联系。依托社团活动的不同特点与优势，将思想政治教育主题融入社团活动之中，使课上理论讲授与课下实践活动相互融合，对于增强思政课实践教学的实效性，促进大学生社团健康发展具有重要意义。首先，充分发挥思政类社团的核心作用，提升大学生的思想素养。思政类社团的宗旨是宣传党的理论知识，通过丰富多

彩的活动形式，使深奥、抽象的理论知识变得通俗、生动，便于学生理解与接受。比如，思政课教师可以引导学生结合社会热点、难点问题、伟人生平、历史事迹等以论坛、演讲、辩论、小品等喜闻乐见的活动形式进行理论宣传，充分发挥思政类社团教育的功能，以丰富多彩的活动吸引学生参与，使其成为思想政治理论课的延伸。其次，注重公益服务型社团的实践服务导向作用，提高大学生的道德素质。公益服务型社团的宗旨是奉献爱心，服务社会。主要通过社会调查、社会服务、奉献爱心等形式开展活动，关注孤残儿童、孤寡老人等社会弱势群体，关注社会经济发展及社会热点问题，有助于培养学生团结互助、乐于奉献的精神，培育学生优秀品格的养成。比如，依托雷锋志愿者社团组织"弯弯腰、动动手"活动、"寻找新时代活雷锋"英雄人物宣传活动、"敬老爱老"服务活动等，提高学生的环保意识，文明礼仪，增强学生的社会责任感和奉献精神。思政课教师可以将社团活动成员参与活动情况记录在册，给予加分奖励，并将其纳入思想政治理论课实践教学考核体系之中。最后，注重发挥专业知识型社团的就业导向作用，培养大学生的职业道德与职业精神。专业知识型社团旨在培养专业技能与专业素养，促进大学生理论联系实际，提高大学生的实践创新能力。思政课教师可以联合专业知识型社团成员，开展以职业道德、职业精神为主题的实践活动，使两者相互融合、相互促进。此外，还可以组织学生参加文体活动型社团及各类其他社团，提升大学生的综合素质与能力，实现立德树人的目的。

3. 拓展社会实践，夯实思政课"鲜活"资源

社会实践是思政课实践教学在空间上的延伸，开展社会实践是大学人才培养的必要环节，是大学生接触社会、了解国情、社情、民情的重要途径。校外实践教学包括参观各种场馆：名人馆、纪念馆、博物馆、故居等；现实性实践教学包括"三下乡"活动，志愿者服务、义工等公益活动，参观科技馆、工厂、社会主义发展前沿城市以及开展各类社会调查等。

社会实践的开展，需要发挥"大思政"的组织优势，从实践的经费、联系实践的场所、出行、讲解、确定路线到各项安全保障等，单靠思政课老师是无法顺利完成的，同时，涉及到学生的住行等安全因素，社会实践的范围和广度会受一定的影响。因此，思政课社会实践首先要挖掘和整合地域资源，建立思政课校外实践基地，形成协作关系，这样，能更好的保障思政课社会实践活动

广泛性开展。

　　红色资源是思政课社会实践基地建设中的重要内容，红色资源蕴含着丰富的中华优秀传统文化，承载着中国共产党波澜壮阔的革命史、艰苦卓绝的奋斗史，是思想政治教育的鲜活教材。习近平总书记曾多次强调，要充分发挥红色资源优势，弘扬红色传统，激活红色基因。挖掘地方红色资源，把红色资源和思想政治理论课实践教学融合，增强思政课教学的感染力和实效性。一方面，挖掘地域优势，结合当代大学生特点，整合周边红色资源，建立红色文化教育基地，将红色文化教育实践活动常态化、规范化。通过定期组织学生到实践教学基地开展活动，帮助学生了解中国共产党为挽救民族危亡，谋求翻身解放，不屈不挠的奋斗史，学习革命先辈们对革命事业矢志不渝，不惜英勇献身的大无畏精神，将其内化为自身的行动，增强思政课教育的实效性。另一方面，可借助本地红色资源的优势，以革命英雄、历史人物、历史事件纪念日等为切合点，广泛开展主题鲜明、富有特色的革命精神教育活动。通过追寻伟人足迹，了解革命文物、历史人物与事件背后的感人故事和价值内涵，塑造学生艰苦奋斗的精神，培养学生的爱国主义情怀。

　　另外，体现中国特色社会主义建设发展成果的科技产品、大国重器的生产研发单位、改革开放中国快速发展的前沿阵地等也是思政课社会实践的重要方向。学生通过社会调查，可以与自己的专业相结合，探索和了解中国特色社会主义建设的发展历程、优秀企业独特的企业文化、大国重器生产中的"中国精神"等，提升大学生进一步坚定"四个自信"实现中华民族伟大复兴的担当精神和使命责任，同时，也为树立职业道德、职业规范教育提供鲜活的素材。

第二节　课堂实践教学的组织

一、课堂实践教学组织管理

　　课堂中师生的行为主要是围绕教学活动开展的，教学的根本的目的是促进学生的健康发展与进步。有效的思政课课堂实践教学管理，对保证课堂任务的顺利完成和促进学生多方面发展有重要的现实意义。由于课堂实践教学时空的局限性，决定了它有规模小、时间短、活动紧凑的特点。因此，实践教学要精心设计，充分准备。首先，实践教学主题必须依据理论教学内容来确定，以一节或一个问题为中心设计主题，务必简洁明了，不可贪多求大。其次实践教学的形式根据教学内容灵活选用，以最能表现教学内容的教育意义为原则，确定实践教学方案。

（一）课堂实践教学组织管理方式的分类

　　课堂实践教学管理方式，是教师在课堂教学活动中所表现出来的特定行为模式，是一种相对稳定的行为风格。教师的课堂教学组织管理方式划分为民主型、自主型和专制型三类。

　　1.民主型的课堂教学组织管理方式

　　持有这种理念的教师在进行课堂教学管理时，会对课堂中可能出现的各种情况都有良好的预测能力，能够合理安排全班学生的学习活动，建立良好的课堂环境。在设计课堂教学时能够充分考虑学生的能力和兴趣，能够和学生建立良好的师生关系。

　　2.自主型的课堂教学组织管理方式

　　持有这种理念的教师，强调学生个人的选择和自由，他们常常给予学生较大的发挥空间。在对学生进行监督时，会只关注不良学生的课堂行为，对一些优秀的学生，教师会给予他们充分的自主权。另外，当学生遇到问题时，教师认为应该给予学生自己去处理的机会培养学生的自主能力，相信学生解决问题的能力。

3.专制型的课堂教学组织管理方式

持有这种理念的教师，以教师为中心，他们认为教师应承担课堂实践教学的全部管理责任。教师往往通过建立和强化课堂规则以及相关的规定，来实现对学生的控制，在制定课堂规则的时候，更多会指向学生的不良行为。教师把课堂教学组织管理的过程，视作对学生课堂行为的控制过程，教师强调运用一些控制策略来建立和维持课堂秩序。

（二）课堂实践教学组织管理的实施

针对课堂实践教学的特点，打通课堂与课外环节，加强教学过程管理是课堂实践教学成功的保证。以学生为主的课堂讨论方式，是课堂实践教学一个特点，这就要求学生在课前对课堂上所要讨论的问题要有一定的准备。因此，课堂实践教学过程的管理，包括课外与课内组织管理两个方面。

1.课外管理

课外管理包括课前与课后两个阶段。

（1）课前管理，教师要充分关注学生课前学习情况以及遇到的问题，与学生及时交流，督促、指导学生学习。首先，教师要在课前把问题给学生。这个问题是根据教学内容与安排提出的，只是课堂讨论的方向，未必是某个具体的问题。其次，学生自学与准备。学生对要讨论的问题积极查阅资料，做好笔记；学生根据阅读情况，提出自己的问题，给出自己的看法。学生提出的问题，是围绕课堂讨论的大问题而发散出来的子问题，是课堂讨论问题的具体化。考虑到部分学生学习兴趣不高、主动性不强，这个阶段的管理与督促就非常关键，是关系到课堂实践教学成功与否的重要因素。

（2）课后管理，根据课堂讨论情况，结合课前学生学习准备，写一篇学习报告，对整个实践教学活动进行总结，实现由知识学习向能力培养方面的转化。

2.课内管理

教学过程管理就是将课内与课外相结合，充分调动与发挥学生学习主动性。课堂讨论时，把课堂交给学生，教师要做好管理与辅导学习工作：

（1）引导学生围绕问题与教学目标进行讨论；

（2）注意把握课堂讨论节奏，调动课堂气氛，保证课堂讨论交流顺利进行；

（3）对学生的观点予以适当点评，多予鼓励与表扬；

（4）对整个教学活动进行总结，留下需要进一步思考与阅读的问题。

考虑到思想政治理论课教学的实际情况，一个学期内，一个学生可以专门深入研究一个问题，希望在这个研究性学习过程中，学生能够提出问题，有自己的看法，从而扩大知识面，培养能力。

3.课堂实践教学反馈

课堂实践教学与理论教学紧紧相扣，对学生的教育和影响是直接和具体的，时效性很强。

（1）实践教学活动结束后，教师要及时组织学生进入分享环节，让学生谈谈体会和感悟。同时，教师应给予适当的点评。

（2）在分享环节之后，教师应对实践教学活动的意义做综合讲述和分析，回到理论教学的内容，以达到实践论证理论、理论与实践相结合的教学目的。

（3）教师要对实践教学活动全过程进行小结，对于学生的参与予以表扬和鼓励，同时指出成功的地方以及不足的方面，以便在以后的课堂实践教学活动有更进一步提高和完善。

（三）课堂实践教学组织管理的建议

在思政课课堂教学中，开展实践教学是一个不断探索和完善的过程，思政课教师应从以下两方面开展课堂实践教学：一方面，全面认识课堂理论教学和实践教学之间的关系，课堂理论教学和课堂实践教学是密切联系的。教学目的上二者完全一致，都是为了提高学生的马克思主义素养，帮助学生树立正确的世界观、人生观、价值观，提高学生分析问题、解决问题的能力。教学方式上二者相互依存，实践教学必须紧紧围绕理论教学的目的和内容展开，以课堂教学的理论为指导，进行实践教学目标、内容和环节的选择。另一方面，课堂理论教学也依赖于实践教学，适当适时地开展课堂实践教学，有利于推动理论教学的有效进行，增强理论教学的说服力和影响力，进一步提高思政课教学效果。

二、提高课堂实践教学有效性途径

（一）影响课堂实践教学的主要因素

1.教师

在课堂教学组织管理过程中，教师是这一管理行为的引导者和协调者。教师必须具备相应的技巧和能力，才能使自己与课堂客观环境、与学生之间的关系处于和谐之中。教师课堂组织管理能力的高低，直接影响教师课堂实践教学的质量，也会对学生学习产生极大的促进或消极作用。教师是教育改革的主要力量，教师课堂组织管理能力，是教师有效教学的重要保障。但是，在实际教学中，大多数教师对于课堂组织管理还只是停留在基本的管学生阶段，没有真正把学生作为一个发展中的人来看待，没有形成全面的课堂组织管理能力。课堂教学组织管理的促进功能不是通过严厉斥责或放任自流来实现的，而是教师运用管理学、心理学、教育学等一系列相关知识，通过各种途径来起到促进作用的。

2.教学内容

教学活动中所指的教学内容，主要是教学层面上的教学内容，也就是教师和学生作用的对象或客体，它是经过课程设置和编制具体化了的知识、技能、思想观念、行为习惯，是学生活动的全部内容。教学内容不仅仅是一个"教什么"和"学什么"的问题，更重要的是"怎么用"的问题。要使课堂教学有效，就必须使教学内容有效。教学内容被学生应用到日常生活中，就说明教学内容有效。根据教学内容本身的性质和教学的目的要求，教师要考虑教学内容的多少、教学内容的呈现方法等等。

3.教学环境

一个课堂的心理环境一旦形成，就具有其相对的独立性和稳定性。独立性，指的是班级和班级之间的课堂心理环境不一样，一个班级在不同教师的引导下，形成的课堂心理环境也不一样；稳定性，指的是一个班级在某门课的课堂上心理环境一旦形成，基本上就会持久保持下来。这种持久性和稳定性，将会给在其环境下学习的学生带来相对稳定的影响。根据课堂心理环境对学生学习影响产生的结果，可以将课堂心理环境分为积极的和消极的两种。

（二）提高课堂实践教学有效性途径

所谓的有效性，是指教师以尽可能少的时间、精力和物力投入，让学生的整体素质得到尽可能多的发展。有效的课堂教学组织管理行为，是指教师在课堂教学中为学生知识结构的完善，学习技能的发展，正确的世界观、人生观、价值观的形成创造有利条件的方式方法。

1.建立有效的课堂气氛

课堂气氛是班集体在课堂上所表现出来的心理气氛，通常是指课堂里某些占优势的态度与情感的综合状态。具体而言，是指课堂活动中师生相互交往所表现出来的相对稳定的知觉、注意、情感、意志和思维等心理状态。教师展示温情和支持，鼓励竞争或合作，允许独立判断和选择的方式，因而创造了课堂气氛。你选择什么样的方式，就会有什么样的课堂气氛。教师在使用多种教学策略的同时，会营造各种课堂氛围。尽管社会心理学家的早期研究试图说明某类课堂气氛最利于个体行为，而结果表明不同的课堂气氛皆有利弊，这要看其特定的目标。因为从一堂课到另一堂课，从这周到下周，目标在变换。所以，为了实践教学目标的实现，课堂气氛也必须随之变更。当目标更换而课堂气氛不变时，在这个阶段学生就会有脱离任务的、破坏性的、甚至是对立的行为。建立有效的课堂气氛，需要教师花时间创建使学生感到愉快、振奋、融洽的学习环境。研究表明，积极的情感会改进学生的态度，提升高级思维的技能，思政课教师应积极采取措施建立和保持成效显著的学习氛围，避免课堂问题行为的发生。

2.制定有效课堂规则

建立明确的课堂规则，同时坚持实施这些规则，能够为学生创建一个和平、安全的学习环境，保证课堂教学活动的清晰和连续，保证学生积极地参与到课堂实践教学过程中，有效提高学生课堂学习效果。制定规则应遵循的一个基本要求：教师要在适合学生认知水平和能力的基础上，让学生参与到制定规则的过程中。学生参与制定规则的方式，依其参与程度可分为四种：第一种是完全参与型，即教师将制定规则的权利赋予学生，由学生提出并决定规则的内容；第二种是学生主导型，即由学生提出规则，然后征求教师的意见，学生依据教师的意见对规则进行修改；第三种是教师指导型，即由教师对规则制定的整个过程进行指导，和学生共同确定规则的内容；第四种是教师主导型，即教师提出规则后，交给学生讨论并对讨论过程进行指导，教师在综合学生意见的基础上，对规则的内容进行修改后，再将修订后的规则发给学生。

3.形成课堂教学效能研讨活动制度

为引导教师高度关注教学有效性问题，提高课堂教学效率，增强课堂教学针对性和实效性，促进教师专业成长，提高课堂教学质量，可以尝试定期举办课堂教学效能分析研讨活动，并将此活动制度化。课堂教学效能分析，旨在通过对课堂教学行为有效性的分析，反思影响教学目的达成度的因素，以便优化教学设计，不断提高教师的课堂实践教学设计能力和课堂驾驭能力，使教师在课前和课中的辛勤付出，得到更有效的回报。形成课堂实践教学效能研讨活动制度，能够不断纠正视听，规范教师课堂教学管理行为，引导其自觉追求课堂教学道德意义上的高效率。

4.正确处理学生课堂不良行为

处理课堂不良行为时，教师通常采用的是指责和处罚的方式。对学生的不良行为进行处罚，虽然有可能轻易而迅速地制止学生的不良行为，但惩罚的后果往往是，学生开始采用更加微妙的回避技巧，来对付惩罚，他们学会了如何推卸责任、不承认做过这些不合规范的行为。同时也会影响师生之间良好关系的建立，或破坏已经建立的良好关系。学生渴望在同学面前赢得地位与尊重的需要与日俱增，即便学生本人的行为的确有过失，但如果教师在全班同学面前惩罚他，学生也会因为感觉在同伴面前丢脸，而对教师怀有敌意，师生之间还有可能在课堂上爆发严重的冲突。教师在处理学生课堂不良行为时，不能简单地采用指责和处罚的方式，或对不良行为置之不理，如果能将违纪行为看成是生活中自然而平常的一部分，同时能够正确地区分由文化、价值观差异产生的问题和行为问题，那么面对学生的违纪行为时，就不会怒火中烧，而是能够保持一种平和的心态，这对合理有效处理学生不良行为是极为重要的。

第三节　校园实践教学的组织

一、学生社团

中共中央、国务院《关于进一步加强和改进大学生思想政治教育的意见》中要求"依托班级、社团等组织形式，开展大学生思想政治教育"，还明确指出："社会实践是大学生思想政治教育的重要环节"，充分肯定了高校学生社团在思想政治教育中的重要作用，为高校科学规划思政课实践教学，整合师资力量和教育资源，切实加强思政课实践教学，规范思政课实践教学的管理，为以学生社团为载体开展思政课校园实践教学指明了方向。

（一）学生社团为思政课实践教学提供了广阔的舞台

大学生社团是由志趣和爱好相同的学生自愿组织起来的具有固定名称和活动范围的学生群体组织。它以学生的兴趣爱好为基础，以锻炼能力、提高学习为目的，以活动为纽带，且可以打破专业和年级的界限，成为学生课堂、寝室之外的重要活动空间，对学生的成才和成长具有重要的影响。《共青团中央教育部关于加强和改进大学生社团工作的意见》中明确提出，要充分发挥大学生社团在校园文化建设中的重要作用，大力扶持理论学习型社团，热情鼓励学术科技型社团，正确引导兴趣爱好型社团，积极倡导社会公益型社团。

学生社团具有信息传播对象多、速度快的特点。共同的理想、爱好和兴趣把学生们聚集在一起，容易产生凝聚力和向心力，有助于培养学生的团队精神。社团都有自己的章程和管理条例，明确的部门职责，活动计划等。学生社团的影响力正在逐步扩大，据统计，60%以上的在校学生入校以后均参加过由社团举办的某种活动。学生很容易并且很乐意接受这种跨越班级、专业和级的界限，由于共同的兴趣和需求组织到一起的社团模式。社团活动方式呈现多样性。社团活动不受时空的限制，活动方式灵活多样，如座谈会、社会调查、影视欣赏、辩论、网络交流，社会实践、公益活动等，这就构建了无形的教育组织平台，为大学生的思想教育提供了广阔的舞台。

（二）学生社团在思政课实践教学中发挥了重要作用

1.学生社团成为大学生思政课实践教学的重要阵地

高校学生思政课除了课堂教育外，更重要的还是学生日常生活管理中的实践性教育。通过实践，学生可以更进一步的理解和掌握思政课课堂上难懂的理论知识。学生社团以其影响的广泛性、内容的直接性、参与者的自愿性、活动方式的多样性和活动效果的有效性，越来越为广大学生所接受和认同，并且越来越凸显其在大学生成长过程中的重要作用。

学生社团使学生超越了班级、专业和院系的限制，在社会交往能力方面获得极大的提高，使学生更容易接受集体教育和社会教育，从而增强个人对祖国的爱国感情和民族精神的自豪感，坚定社会主义的自信心。在学校精神文明建设中，建设良好的学风，校风，营造浓郁的文化氛围，对传承优良历史传统，拓展大学生综合素质都起着重要的作用。

2.学生社团可以承载思政课教师实践教学的多项环节

学生社团的组织和参与大大提高了思政课教师在实践教学中的效率，尤其解决了一些学校思政课教师资源不足的问题。同时，大学生社团在帮助教师完成实践课教学任务的过程中更是获益匪浅。为大学生实现自我、完善自我提供了机会，社团成员间能够相互学习，取长补短，有利于学习多种技能，有利于培养大学生的人际关系与团结协作能力，有利于身心健康发展，所有这些都是在思政课课堂上学不到的，只有在实践中才能提高大学生的思想道德素质和科学文化素质，从而增强思政课实践教学的时效性。

（三）加强学生社团在思政课实践教学中的组织

1.加强思政课教师对学生社团活动的指导

高校思政课教师与学生工作系统中负责社团相关事务的教师相比，"两课"教师对基本理论的掌握更加系统和扎实，对时政信息的把握也更加敏感和准确，这使得他们在将理论与实践相结合方面有独特的优势。"两课"教师参与社团建设后，可以把承担的科研项目分解成子课题作为特色实践环节，由学生社团组织进行调研，引导青年学生以更广阔的视角去关注国家和社会；还可以通过学生社团更直接地了解学生，准确了解学生的思想动态，为思政课的教学提供更多的辅助信息。

2.使学生社团活动内容与思政课实践教学内容相结合

学生社团要选择与思政课实践教学内容结合紧密的活动内容和形式，保证活动内容的政治性、思想性和教育性。思政课教师要积极探索如何使实践教学与学生社团活动相结合，使思政课实践教学以社团活动形式开展，将思政课课堂教学的内容同当前社会焦点问题，采取讨论、调研等方法，让学生自主实践，如关于新中国成立以来人们吃穿住行变化的调查，参观雷锋纪念馆，开展哲学辩论赛等，充分调动学生学习的积极性和主动性，提高思想政治理论课实践教学的吸引力和感染力。

3.在思政课成绩考核体系中加入学生社团成员的考评

学生社团可以通过考核出勤、活动表现等对社团成员进行考评。在每学期期末通过加分和减分来量化社团成员的得分情况，把社团成员的考评分数按照一定的比例加入思政课的总成绩考核体系中。这不仅优化学生思政课考核方式的评比方法，而且大大提升了学生的思想道德素质和实践能力。

4.加强学生社团建设

一是培养社团骨干，社团干部确定后有意识地组织他们学习，提高他们的政治觉悟，提高他们把握全局、服务大局的意识和能力。二要加大社团活动硬件设施的投入。社团活动要有专门的场地；社团工作要建立经费体系，按照社团所处阶段的不同采用有差别、有侧重的经费支持政策，形成与社团发展相适应的社团工作经费体系；社团知名度要靠宣传，开展专题宣传提高在学生中的知名度，常用的方法是全体社团组织的集中招新；加快精品社团建设步伐，社团联合会中一定要有一批发展前景好的学生社团优先发展，成为全校社团的火车头。对认定有较大发展前景的社团，要在前期就侧重对学生社团思想政治教育功能实现方式的思考，并伴随社团活动内容的不断丰富进行调整变化，逐步提高功能的效果。

二、校园文化活动

校园文化活动是思想政治理论课实级教学的重要平台，充分利用这个平台，不仅有助于校园文化的繁荣发展，而且有助于提高思想政治理论课实践教学的有效性。

（一）校园文化活动是思政课实践教学的重要载体

校园文化是以校园为空间，以学生，教师为参与主体，以精神文化为核心的物质文化、制度文化、行为文化相统一的具有时代特征的一种群体文化，校园文化活动与思想政治教育工作相互交织，相工促进，一方面，校园文化活动的发展必须以社会主义核心价值体系为引领，另一方面，校园文化活动是思想政治教育的有效载体和重要途径，但作为思想政治教育的主渠道，长期以来，思想政治理论课教学却未能与校园文化活动有机地结合起来，这不能不说是思想政治教育的一大遗憾，这里既有主观原因，也有客观因素。主观原因主要是对思想政治理论课实践教学的狭隘认识，部分管理人员和教师一度把思想政治理论课实践教学等同于开展社会实践活动，从而忽略了校园文化的实践平台；客观因素主要是管理上的彼此分立。思政课实践教学归属于思想政治理论课教学部门，而校园文化活动则由学校学生工作部门具体管理。两个部门虽然也有一定的合作，但大多数时间是相互并立的。因此，从提高思想政治教育的效果出发，必须把思想政治理论课实践教学与校园文化紧密结合起来，依托校园文化活动开展丰富多彩的思想政治理论课实践教学。

（二）思政课校园实践教学的实践路径

依托校园文化活动开展实践教学活动，为思想政治理论课实践教学开拓新领域和新阵地创造了有利条件。因此在丰富多样的校园文化活动中，思想政治理论课实践教学能够逐渐得以全方位展开。具体来说，基于校园文化活动的思政课校园实践教学主要包括以下三种实践路径。

1.竞赛类实践活动

如大学生辩论赛、演讲比赛等竞赛活动。辩论是一项可以提高思辨能力、了解多种知识、培养团队精神、锻炼思维表达能力的活动。当前大学生辩论赛的辩题无论是思辨性还是现实性辩题，都与思想政治理论课教学内容紧密相连。参与此项活动，既有助于深化对重大理论问题的理解，又能提高大学生的思辨能力，培养他们的创新和团队精神。主题演讲不仅带给大学生语言的震撼，而且带来了心灵的震动和思想的升华。如纪念抗战胜利70周年、纪念建党xx周年、庆祝五四青年节等演讲赛，由于其主题鲜明，具有较强的时代性，比赛本身就是思想政治教育的重要途径。在很多高校，一直将这些竞赛活动看作是思想政治理论课教学的第二课堂和大学生实践创新的重要平台。作为一项实践教学活动，思想政治理论课教研部门每次都选派教师参与指导或担任评审。一般而言，校内比赛，思想政治理论课教师主要担任评判工作，参加省级或校外竞赛则选派优秀教师担任指导教师。从实施效果看，应该说使得了校园文化活动和实践教学和谐相长，各项竞赛也取得了较好的成绩，思想政治理论课实践教学变得更加丰富多彩。总之，诸如主题辩论、主题演讲等竞赛活动，以竞争的方式激活了大学生的创造性思维，激发了大学生的团队意识和社会责任感，在潜移默化中提升了思想政治教育的效果。

2.主题实践活动

如最佳党团日活动、主题班会等。党团日活动方式多样，内容丰富。通过这些活动，可以使党团员大学生充分意识到党团员在保持先进性、发挥先锋模范作用、争先创优中的重要性，更加坚定其社会主义信念。主题班会是围绕特定主题而开展的班级教育活动，通过主题班会来明辨是非、提高认识，树立正确的世界观和人生观，激发其历史责任感与使命感。

当然，校园文化中有些项目是基于兴趣和爱好而开展活动，意识形态色彩较淡，看起来好像与思想政治理论课实践教学相距甚远。但对这些校园文化活动的正确引导，培养学生良好的兴趣爱好，促进大学生的全面发展，恰恰是培养优秀的社会主义建设者的基本要求。因此，立足校园文化开展思想政治理论课实践教学要有开阔的视野，不能自筑篱笆，自我封闭。

（三）以三个结合促进思政课校园实践教学的发展

1.团学部门的组织发动与教学部门的指导考核相结合

校园文化活动作为一项校内实践活动，其蓬勃发展离不开各级团学机构的组织和动员。参与校园文化活动的主体主要是大学生，团学组织对大学生影响力和号召力较大，通过它们进行发动和组织比较有效。实际上，大多数校园文化活动本身就是各级团学机构发起并组织的。但作为思想政治理论课实践教学的一部分，思政课教学部门必须根据校园文化活动的形式和特点，选派相应的思政课教师参与指导，并对大学生参与情况进行必要的考核。两个部门的密切合作是基于校园文化活动的思想政治理论课实践教学顺利发展的基本条件。

2.学生全员参与和自主选择相结合

实践教学是与思想政治理论课理论教学并重的一项教学环节，在实践教学过程中，教学部门和教师对所有学生的要求是一致的，任何学生都必须参加，教师根据学生参与情况给予评分，并以一定比例计入学生的思想政治理论课总评成绩。另一方面，在丰富的校园文化活动中，我们鼓励大学生根据自己的个性和特长选择最具有优势的实践形式。任何实践活动，只有尊重主体的选择性，实践主体的积极性和创造性才能得到充分发挥。大学生个性差异大、能力类型不同，实践创新也会有较大区别。可是在传统的实践教学活动中，社会实践往往局限于社会调查和社会服务，大学生可选择余地不多，大学生难以根据自己的个性和特长来选择自己较为擅长的实践活动，因此大学生的实践创新能力也难以得到充分的体现。将思想政治理论课实践教学与校园文化活动结合起来，就是希望激发思想政治理论课实践教学的活力。在参与校园文化活动的过程中，大学生不仅展现自己的个性特质和个性魅力，而且自身的思想道德品质和实践创新能力也会在实践中得到不断提升。

3.教师的全面参与和重点指导相结合

校园文化活动与思想政治理论课实践教学的结合，不仅要求每个学生至少参加一项校园文化活动，而且要求所有老师都参与到校园文化活动中来。除了校园文化活动主办方的邀请外，思政课教师还主动走进大学生的校园文化活动中，包括直接参与活动和对活动的直接指导。教师的全面参与既是思想政治理论课实践教学的要求，也是推动校园文化活动高效开展的需要。但是，全面参与不等于平均分配教师资源，根据学校特色，选择若干活动进行重点指导，打造特色项目或优势项目。这不仅有助于提高学校校园文化活动的知名度，而且有助于增强校园文化活动对大学生的吸引力，从而带动校园文化活动的发展和繁荣。同时，塑造品牌和特色也是提高思想政治理论课实践教学效果的必然要求。在思想政治理论课实践教学过程中，既要兼顾面的普及，让每个大学生都能在实践中得到锻炼，同时又要抓重点、树典型，并通过典型带动一般，从而全面提升思想政治理论课实践教学的水平。

第四节　社会实践教学的组织

一、参观考察实践教学组织

参观考察革命纪念地，作为思政课教学社会实践的一种具体形式，能够使学生近距离地体验到革命先辈先烈坚强不屈的革命斗争精神、中国人民对革命的拥护支持以政对革命英雄的敬仰和爱戴，使学生在实践中接受革命传统教育，爱党爱国教育，培养爱国主义，集体主义和革命英雄主义精神，增强学生的社会责任感和使命感，坚定信念，刻苦学习，成就栋梁之才。通过实践活动，旨在使学生学习和继承优良传统，弘扬革命精神和时代主旋律，增强对社会主义核心价值体系的认同，坚定为把祖国建设成富强、民主、文明、和谐的社公主义现代化国家而奋发学习的理想和信念。

参观考察的实践活动包含5个部分，分别是组织学生观看关于参观地的影视资料，了解当年的革命事迹；带领学生参观，追寻革命足迹；走访革命经历者或知情人，重温革命历史，感受峥嵘岁月；撰写一篇实践报告；实践小组之间相互交流实践感受。

参观考察的实践活动以学生为主体，以参观和访谈为主线，以革命遗址为载体，在任课教师指导下，以实践小组为组织单位，以相互交流实践感受为成果展示形式进行组织安排参观考察实践活动，是以情境教学法为理论根据设计的。情境教学法是指在教学过程中，教师有目的地引入或创设具有一定情绪色彩的，以形象为主体的生动具体的场景，以引起学生一定的情感体验，从而帮助学生理解和感悟知识，并使学生的思想情感得到升华的教学方法。情境教学法的核心在于寓教学内容于具体形象情境之中，激发学生的情感，使学生受到一定的思想教育。追寻革命足迹的实践活动，就是通过让学生参观考察革命遗址、遗迹以及纪念馆（堂）等爱国主义教育基地的方式，为学生提供一个受教育的特定情境，在这个具有深厚历史文化和洋溢着革命精神的氛围中，使同学们穿越历史时空感受革命先辈为国为人民所走过的不平凡的足迹，从而使内心受到触动，心灵受到震撼，情绪受到感染，感情得到升华，深化课堂理论教学效果。

（一）实践设计思路

参观考察实践教学就是指导广大学生对爱国主义教育基地或其他革命遗址参观考察，通过了解历史，感受革命精神，激发学生的爱国主义情感，使之自觉继承革命传统，弘扬民族精神和时代主旋律，构建社会主义核心价值体系，树立正确的世界观、人生观和价值观，从而为其健康成长和成才打下基础。

1.教师工作任务

（1）策划实践活动主题。根据历史发展脉络，如以旧民主主义革命时期为主线，可以组织学生参观岳麓山黄兴、蔡锷、蒋翊武、陈天华等辛亥革命英烈墓葬，以"追忆辛亥英烈，振兴民族精神"为主题；如以新民主主义革命时期为主线，可以组织学生参观浏阳文家市秋收起义会师旧址，胡耀邦故居，柳直荀故居，以"追寻红色足迹，肩负历史使命"为主题；如以抗战这段历史时期为主线，可以组织学生参观湖南抗日战争时期纪念地，如岳施山73军抗战阵亡将士公墓、长沙会战指挥部旧址、岳麓山忠烈祠，还可参观南岳忠烈祠，芷江受降纪念坊，以"缅怀三湘英烈，重温抗战记忆"为主题等。

（2）实践活动整体设计与指导。根据教学大纲要求以及教学计划规定的教学时间，科学设定实践活动的环节与步骤，讲解追寻革命足迹实践活动的实施过程，实践目的，实践任务以及做好对学生名方面的教育工作，包括安全教育，遵章守纪教育及文明礼貌教育等。

（3）活动组织，任课教师先将班级学生进行分组，分组人数根据班级总人数具体而定，每小组选出一名组长，负责组织本组完成实践任务。

（4）审阅报告，任课教师收集各组实践报告进行审阅，给出评审意见。

（5）成绩评定 根据学生参与实践活动的实际情况，实践报告质量及交流情况进行阶段性成果评定；结合小组等级评定完成对每个学生实践活动成绩的评价。

2.学生工作任务

（1）学习领会实践活动要求 参与实践活动前，按照任课教师讲解，熟悉实践的环节步骤，任务及注意事项，认真观看和了解有关爱国主义教育基地的影视资料或历史知识，为顺利开展实践活动，取得良好实践效果打下坚实基础。

（2）确定主题 每小组经过讨论确定一个主题，使参观目的更明确，针对性更强。

（3）完成参观 参观过程中讲究文明礼貌和公德秩序，注意搜集史料，做好参观记录。

（4）成绩评定 在对其他小组成果的评定中，积极发表个人意见并打分，力争使小组成绩评定体现每个人的意见，做到客观，公正，合理。

（二）实践方案设计

1.活动的功能与作用

湖湘文化承载了中国波澜壮阔的革命史，艰苦卓绝的斗争史，可歌可泣的英雄史，体现了中华民族优秀的精神品质，是一笔极为宝贵的精神财富。通过缅怀革命先辈的革命事迹，重温革命先辈的革命艰辛，体验火热的革命岁月，坚定学生的共产主义理想和信念，激发爱党爱国爱民的热情，增强精神力量以及历史责任感与使命感，传承革命精神，做好自己应做的事，树立远大理想，从而达到健康成长的目的。

2.班级分组

各教学班学生分为若干小组（每小组以4~6人为宜），组长负责组织本组的参观活动及记录等级评定 同时各组务必注意对照片等一于资料的保存。

3.实践准备

（1）确定参观的革命遗址或爱园主义教育基地，了解相关革命事迹和革命人物，观看相关视频或相关电影资料，提前为参观进行知识准备。

（2）指导教师确定本次实践活动的主题，并定制写有主题的横幅；实践小组确定本组的实践任务，如实践感想、心得体会、革命人物特写及革命故事等。

（3）学唱革命歌曲，根据所要参观的革命遗址历史情况，全班同学提前学唱1-2首革命歌曲，要求会唱，唱熟，激发学生的爱党爱国情感和对革命先辈和先烈的敬仰之感。如辛亥革命时期的歌曲有《中国男儿》《何日醒》；新民主主义革命时期，有《国民革命军歌》《五月的鲜花》《十送红军》《映山红》；抗战时期，有《大刀进行曲》《八路军军歌》《74军军歌》《松花江上》及《黄河大合唱》等。

（4）加强安全教育，组织纪律教育，集体观念教育和文明礼貌教育。

（5）准备照相机和摄像机，做好照相和摄像准备，回来后做展板或向学院专题网站发表活动日志，上传活动照片及视频，加强实践成果宣传。

（6）出发前每位同学准备好自记的午餐和水，中午在参观地就餐。

4.实践活动时间安排

参观考察的实践活动利用8课时的课上时闻和8课时的业余时网（周六或周日一整天）来完成，时间跨度是2周时间。

（1）周一：在教师主导下了解所要参观的革命遗址或爱国主义教育基地的相关情况，观看相关视频或相关电影资料，如《辛亥革命》《秋收起义》《长沙会战》，确定参观主题。小组成员分工明确，确定本组实践主题，确定小组活动计划。

（2）周二：学唱革命歌，选行安全纪律教育，完成参观的各项准备事宜。

（3）周六或周日：用一整天的时间完成追寻革命足迹的实践活动。

（4）利用下周一至周三的课余时间撰写实践报告。

（5）周四：各实践小组在学校机房完成实践报告的电子稿和报告的课件制作。

（6）周五：分组进行成果展示和小组成果评价等。

5.参观考察实践过程

（1）由任课教师带队步行或乘车前往参观地。

（2）到参观地后，有秩序地进行参观，听讲解员耐心绝讲解，并做好相关记录。

（3）统一参观完成后，由任课教师确定集合时间和地点，各小组自由活动，搜集史料，访谈人员，完成本组的实践任务。

（4）自由活动结束，全体集合，安排学生在允许拍照的地方合影留念，唱革命歌曲。

（5）实践活动结束，全体同学返校。

（三）撰写实践报告

1.实践报告约形式

采用参观有感、感悟精神，心得体会，回顾历史和革命人物等形式撰写实践报告，报告包括以下6个步骤：1确定主题；2拟订提纲；3选择历史资料；4形成感想；5起草报告；6修改定稿。

2.实践报告结构与文风特点

实践报告的结构包括标题和署名部分，前言部分（简单叙述本次实践活动）、主体部分（革命的足迹历史资料）和结尾（感想，体会和启示）4部分。实践报告的文风力求朴实无华，有感染力，行文流畅，对历史史实的描写要真实、详细，准确，感悟要发自内心，感想要切合实际，感情要真挚动人。

3.实践报告篇幅要求

按照以上要求形成实践报告后，用A4纸打印，字数控制在1500~2500字。

（四）展示与评价

1.成果展示

（1）确定成果展示顺序。采用小组序号或者抽签的形式确定各实践小组成果展示的

顺序。

（2）展示实践报告。展示借助多媒体课件（PPT）进行，分为追寻之旅，革命足迹（包括难忘历史、峥嵘岁月、英雄人物及革命事迹等内容），实践有感（包括感悟到什么精神、受到什么教育、得到哪些启示、树立怎样的理想、应该怎样去做等内容）3部分。每组发言控制在10分钟。

（3）小组互评，在展示过程中，各组成员认真听取其他小组同学的发言，同时用手中的打分表给其他小组打分，打分要注意客观、公正、公平、合理。本组不给本组打分。

（4）总结点评，各组展示完成后、任课教师对这次追寻革命的足迹实践活动做简短点评，最后宣布实践活动结束，各组提交实践报告。

2.成果点评

（1）追寻革命足迹的实践活动有哪些实际意义。

（2）学生对待实践活动的态度和实践报告的质量。

（3）通过这次实践活动，学生是否有收获。

（4）联系实际，启发教育学生。

（5）选出优秀作品制作展板在校园展出，扩大影响。

3.成果评价

（1）评价指标、根据报告主题、实践态度、团队合作、实践收获、展示交

流情况及实践报告质量共6项指标对学生的实践活动进行评价。

（2）量化指标，为使评价指标具有可操作性，任课教师根据相应的评分标准，设计出成果展示小组互评打分表和任课教师量化打分表、分别采用百分制为各调查小组的展示情况和实践情况量化打分。

（3）评价方式，学生最终成绩由出勤成绩（占总成绩的10%）、小组互评（占总成绩的40%）、任课教师评分（占总成绩的50%）组成。最后的成绩评定采用等级制，分为优秀（90分及以上）、良好（70~89分）、及格（60~69分）、不及格（59分以下）4个等级。

二、社会调查实践教学组织

社会调查是人们有计划、有目的地运用一定的手段和方法，对有关社会事实进行资料收集整理和分析研究，进而做出描述、解释和提出对策的社会实践活动和认识活动。在思政课教学中实施以"指导学生开展社会调查，撰写调查报告"为主要内容的实践教学，培养大学生运用马克思主义理论指导自身实践，符合思政课的教育目标。

开展社会调查实践教学有助于学生形成主动探求知识、重视解决实践问题的积极学习方式；有助于加强对学生社会实践能力的培养，提高学生的社会实践能力；同时在培养学生的个性特长。挖掘学生的潜能，以及帮助学生在活动中感悟人生、学会做人等方面都具有非常重要的作用和意义。

（一）社会调查基本要求

1.客观性

客观性是指在社会调查中，资料的收集、分析及结论的得出都应排除研究者主观因素的干扰。该原则是社会调查的核心，也是社会调查材料的生命力和价值源泉。具体来讲，在调查研究中应坚持客观性。首先，端正调查目的，具有求实的态度，以事实为准绳，不"唯上"，不"唯本"，只"唯实"。其次，应注意观察和认识事物的差别和变化，把握事物所处的具体时间、空间和其他条件，及时调整调查设计，在调查中将事物的发展变化反映出来。最后，具体问题具体分析。

2.科学性

科学性是指社会调查研究及研究方法的实证性和逻辑性。科学是建立在系统的经验观察和正确的逻辑推理之上的。 如果社会调查的范围较大，调查对象的差异较大，又要对总体做出认知，调查者必须采取全面调查或抽样调查的方法。 若采取抽样调查的方法，必须严格地按照科学的原则抽取样本。如果用个案材料来说明观点，要考虑个案材料在总体中的代表性，在对结论进行论证时，必须说明选择这样的个案材料的理由和不选择其他材料的原因。如果用定量资料可以说明观点时，要考虑尽量采用定量材料。运用定量方法时，要从定性出发，经过量化过程，返回到定性。

3.系统性

社会调查研究在坚持客观性和科学性原则的基础上，要适应社会现象具有的系统性和整体性特点，贯彻系统性原则。因为，社会本身就是一个大系统，在调查研究的过程中应密切注意子系统之间、子系统内部诸要素之间的关系，把调查对象放在一个系统、一个整体中分析，了解其内在规律和本质。

4.理论和实践相结合

社会调查研究过程就是理论与实践相结合的过程，实践的需要提出了社会调查的任务，促使人们进行社会调查，调查所形成的理论又需要放到实践中去检验，并指导实践。只有理论与实践相互结合的社会调查，才能真正达到发现事物本质、正确预测和提出对策的目的。

5.遵循伦理道德

伦理道德是社会调查研究中非常重要而又经常被很多研究者忽略的问题。社会中的任何一个职业都有其特有的、从业者必须遵循的伦理道德，社会调查研究也不例外。 社会调查需要涉及调查者与被调查者之间的商谈与交往，有些调查课题本身就存在涉及个人隐私的问题，有时还会和其他社会活动的基本原则产生冲突，社会调查研究的伦理道德规则往往就是从这些矛盾中产生的。 注重伦理道德，不仅可以使被调查者的人格尊严得到尊重，还能使调查更加入性化，从而达到更好的调查效果。社会调查者本身应当具备一些必备的素质，除高度的敬业精神，高度的社会责任感，坚持理性、客观、实证的精神，掌握高超的调查研究技术之外，还必须注重提高自己的诚实、守信、关心他人、与人为善等道德修养。这种素质的训练是一个长期的过程，是一个从理论到实践的过程，是一个贯穿于调查始终的过程。只有具备高水准的职业道德，才能提高调查研究的质量。

（二）实践设计思路

社会调查研究包括6个部分，分别是调研方案和问卷的设计、项目准备、实地访问、数据统计分析、调研报告撰写、成果交流与成绩评定等。

社会调查研究以学生为主体，以社会实践认知为主线，在任课教师指导下，以小组合作为主要活动方式，运用专题研讨形式作为成果展示的平台。

学生在任课教师指导下，以所学理论知识为基础，通过社会调查研究，认识社会，了解社会，加深对党的路线方针政策的理解，提高思想水平，激发学习动力；同时，通过理论与实践相结合，巩固理论知识，提高实际工作能力。

1.教师工作任务

（1）实践活动的整体设计与指导。　根据教学大纲要求以及教学计划规定的教学时间，科学设定社会调查的环节与步骤；对学生在活动过程中遇到的各种问题给予认真解答。

（2）活动组织。根据调查研究的题目进行科学分组，并根据教学进度合理确定每次社会调查的活动任务。

（3）成绩评定，根据学生参与社会调查的实际情况及其研究成果进行成绩评定：结合小组等级评定完成对每个学生实践活动成绩的评价。

2.学生工作任务

（1）领会实践活动要求。参与社会调查前，要认真学习社会调查研究的活动要求，领会实践活动的设计目的。

（2）承担实践活动任务　掌握社会调查研究的相关知识，从理论准备到操作步骤，根据社会调查小组的任务分配，能够独立承担或配合其他小组成员圆满完成实践活动任务，并能够积极参与本小组成果展示。

（3）成绩评定活动要求　在小组互评过程中，态度端正，认真聆听，并能够积极发言，客观公正地对其他小组的表现给予合理评价。

（三）实践方案设计

1.组织与管理

根据调查内容，教学过程中的社会调查每班学生按照10人一组，暑期调查每班按照5人一组的规模组成调查小组，每组选取组长1名，负责本组的名项组织协调工作，名班均有一名教师担任指导，以保证调查工作的顺利进行。根据调查方案，每组调研需要的人员安排具体配置如下：

（1）参与人员：小组全体人员。

（2）项目负责人：组长

（3）调查问卷与工具准备人员：1~2名

（4）调查人员：2~4名

（5）资料整理与数据分析人员：1~2名

（6）调查报告撰写人员：1~2名

2.调查程序

调查大致来说可分为准备、实施、研究及总结4个阶段。

（1）准备阶段：一般分为界定调研问题、设计调研方案、设计调研问卷或调研提纲3个部分。

（2）实施阶段：根据调研要求，采用多种形式，由调研人员广泛收集与调查活动有关信息。

（3）研究阶段：将收集的信息进行汇总、归纳、整理和分析

（4）总结阶段：将调研结果以《调研报告》书面的形式表述出来，并进行评估。

3.时间安排

按调研的实施程序，可分7个小项来对时间进行具体安排。

（1）调研方案、问卷的设计：1天。

（2）调研方案、问卷的修改、确认：半天。

（3）项目准备阶段：人员培训、安排：半天。

（4）实地访问阶段：1~2天。

（5）数据统计分析阶段：1天。

（6）调研报告撰写阶段：半天

（7）成果交流'成绩评定：半天

暑期调查的实施程序，各小组可根据时间自行进行具体安排

4.实施方法

（1）明确选题。各组根据自身情况，自行确定

（2）确定对象。学生根据选题确定调查对象的范围。"三农"类选题调查对象主要针对居住在农村的居民；城市和社区类选题调查对象主要为社区居民。

（3）调查方法。调查主要采用问卷调查和访谈相结合的方法进行。在进行问卷调查的同时，要认真做好访谈。问卷调查以当面填答的形式为佳，也可通过邮寄或网络等形式填答访谈可利用问卷形式进行结构式访谈，也可在填答问卷之外，根据需要自行设计问题进行非结构式访谈。访谈可视条件，采用实地、电话及网络访谈等不同形式以问卷调查为主的实施方法：在完成调查问卷的设计、制作以及对调查人员的培训等相关工作后，就可以开展具体的问卷调查了。把调查问卷平均分发给各调查人员，统一选择中餐或晚餐后这段时间进行调查（因为此时便于集中调查，能够给调查节约时间和成本）。在调查过程中，调查员应耐心等待，切不可督促。调查员可在当时收回问卷，也可第二天收回（这有利于被调查者充分考虑，得出更真实有效的结果）。

以访谈为辅助调查的实施方法：由于调查形式的不同，对调查者提出的要求也有所差异。访谈前调查员要做好充分的准备，列出调查所要了解的所有问题。调查者在访谈过程中应占据主导地位，把握整个谈话的方向，准确筛选谈话内容，并快速做好笔记以得到真实有效的调查结果。

通过网上查询或资料查询调查统计资料：调查者查找资料时应注意其权威性及时效性以尽量减少误差。因为其简易性，该工作可直接由撰写人完成。

5.注意事项

（1）深入群众，深入生活，坚持群众路线；

（2）虚心向群众学习，谦虚谨慎

（3）养成刻苦勤奋的调查作风

（4）尊重被调查者的权益，不能损害被调查者的利益和名誉。

（四）撰写调查报告

调研结束后，学生在教师的指导下以小组为单位撰写完成调查报告。先拟定调查报告提纲（包括调查题目、调查基本情况、调查结果、解决建议），再通过对问卷调查结果和访谈资料的整理分析，最后完成调查报告撰写。

（1）调查报告是对调查活动过程的说明和总结，文体为陈述说明性和议论性相结合。

（2）调查报告是科学的，建立在实事求是的基础上，资料和数据必须真实；禁止抄袭、窃。

（3）语言要严谨、简明；结构要清晰、完整；叙述要清楚、明白；结论要有理、有据。

（4）完整的调查报告内容应包括：基本情况（社会调查题目、参加时间、地点、方式、内容、过程）、发现的问题（分析问题）、解决建议（运用行政管理学理论去解决问题）。在调查中采用的方法必须附上相应的原始材料作为佐证，如问卷调查汇总统计结果、访谈提纲及访谈记录等。

（5）篇幅应不少于2000字，定稿的调查报告一律用A4纸打印。调查报告的统一打印格式要求如下。

题目（宋体、二号，加粗、居中）

一级标题（宋体、小三号）

三级标题（宋体、四号）

四级标题（宋休、四号）

正文内容（宋体，小四号）

（五）成果展示评价

以社会调查小组为单位，以专题研讨的方式进行常规教学过程中的调研成果展示，以撰写征文的方式作为进行暑期社会实践成果展示的辅助形式。任课教师根据实践活动班级的具体情况，可以采取教师主持成果展示或者选取学生主持成果展示的形式。

1.展前准备

（1）确定小组成果展示顺序。可以根据不同班级学生的意见和要求，采用按照小组序号或名抽签的形式确定各小组进行成果展示的顺序

（2）每组发言人展示本组实践活动成果。在展示过程中，要求好个发言人内容表达准确、观点明确，时间使用合理。名组发言时间依照班级小组的划分数量而定。

（3）名组成员认真听取具他小组同学发言，并结合本课程评价标准对其成果展示情况给予客观，公平，公正，合理的评定。成果展示结束后交由组长汇总。

2.展示总结

实践活动成果展示总结是社会调查研究活动中软为重要的一个环节，通过该环节，可以帮助学生梳理参与社会调查活动的过程，总结经验与不足，帮助学生分析自身存在的问题并明确下一阶段努力的方向。

3. 成果评价

（1）小组互评 以小组为单位对其他小组成果给予客观，公正的评价，每组学生本着公平的原则和对活动认真负责的态度完成对其他组成果的评定。

（2）评分标准，能够清晰，准确，生动地陈述调查过程与内容占40%；调查结果与其项目可行性分析的结合阐述状况占30%；团队合作和仪表仪态得体占20%；PPT制作占10%。

4. 实践考核评价

（1）态度端正，活动过程中无缺勤，迟到，早退者，在总评分中加5分；对于无故不到者，缺勤一次扣5分，达到3次者取消其参与考核的资格。

（2）在活动中，积极参与并能协助项目负责人圆满完成社会调查任务，在总评分中加5分。

（3）在社会调查过程中，出现违背社会调查原则，不尊重被调查者，造成较坏影响者从总评分中扣10分，造成极端恶劣影响者，取消本学期参加考核资格。

5.成绩评定

（1）成绩构成。考核以学生提供的社会调查设计、访谈记录、问卷填写、回收和回访结果，调查报告及成果展示等为依据，评定最后成绩。学生评定占总成绩的40%，教师评定占总成绩的60%。

（2）成绩形式。考核的最后结果以等级的形式给出，分为优秀，良好、及格，不及格4个等级。其中，优秀（90分及以上），良好（70~89分）。及格（60~69分），不及格（59分以下）4个等级。

三、服务性学习实践教学组织

随着高校思政课教育教学实效性研究的不断深入，结合高校的教学特点，把"服务学习"教学理念和教学模式引入高校思政课社会实践教学，是贯彻《中共中央宣传部、教育部关于进一步加强和改进高等学校思想政治理论课的意见》，实现大学生思想政治教育价值的一种新模式。"服务性学习"强调学生在学习理论的同时，让学生服务社区。进行社会实践活动，在社区服务、社会实践过程中感悟理论、体验生活，从而有效实现思政课的教学目标。学生通过参加"服务性学习"改善自己的学业效果、完善个人品格、优化人际关系，最终实现自身的学习与发展。

（一）服务学习实践教学设计

"服务学习"是美国学校品格教育与公民教育的一种重要方式，它的目的、宗旨和思政课的性质、任务不谋而合；它强调学生进社区服务而提高白身能力的教育路径，这和我国教育目标中要求大学生成为复合型人才的要求重合。借鉴"服务学习"理念，打破以往单纯理论教学模式，引入实践教学环节，构建理论专题教学模块和实践实训模块互动的教学模式，充分发挥教师的主导性和学生的主体性，深化课堂教学，搭建他律和自律沟通的实践桥梁，促进道德规范内化于心而外化于行，从而提高教学的实效性。

1.养成性课程定位

在内容设计上，始终遵循学生思想品德养成的基本规律，通过引导学生深入生活，深入实践，在服务践行之中不断发现问题，分析问题、解决问题，在体验之中，理解和掌握思想品德教育理论，并在长期的自我教育实践与体验中，学会自我学习、自我约束、自我评价，将思想道德里论内化为自身的信念，从而从根本上树立起服务精神，养成服务社会的良好习惯和品格。

2.职业性内容设计

内容设计上与学生不同阶段的专业教学、学习环境和实践场所相吻合，针对具体的职业岗位，开展思想品德教育，将思想道德教育和法制教育落到实处，并引导学生在仿真或真实的职业场景中训练，从而使大学生树立正确的世界观、人生观、价值观、道德观、职业观、就业观和创业观。

3.休验性教育过程

德育活动要注重在实践活动过程中强化学生的体验性教育。注重情感体验和道德体验的内化。上学生走出课堂，体验生活，体验社会、体验职业岗位、体验人生，让学生在体验中受教育、休验中感悟，体验中养成优良品质。通过行动体验等教育形式，使学生体验到现实生活的真，善，美，假，恶，丑；让学生真正知荣知辱，引导学生思考"我该为社会做些什么，我义又为社会做了些什么"，真正体验在人在社会应担负的责任和使命，这样，达到由感性到理性化认识 的升华，培养学生的道德思维和价值判断能力，真正减少学生的问题行为和高危行为。

4.探究性学习方法

在教育教学过程中采用探究式学习方法，每个教育专题均设"问题聚焦""实践探究""交流与提高"等教育栏目，引导学生带着问题进入社会、进入企业，在调研与体验之中发现问题，分析问题，解决问题，在相互交流、相互探讨的互动式学习中启发学生思考问题、分析问题，解决问题，在亲身体验之中理解和反思理论知识，经过考、归纳，使感性认识升华为理性认识，并把它内化成为自身的认知和感悟，从而形成正确的价值取向和道德观。

（二）服务学习实践教学路径

在构建"大德育"体系的基本思路指导下，根据现有客观条件、学生的实践水平，将学生服务学习的实践活动整合为以下实践主题：

1.走进社区，促进成长成才

实践活动的方式，为参观校内校外实训基地、行业人士讲解专业发展方向、到学院的联合办学单位顶岗实习、学长介绍学习经验、拟定职业生涯规划。实践目的是通过上述活动，帮助学生对大学培养目标的理解，学会接纳自己和学校的现状：帮助学生树立专业思想、科学定位自己、科学规划自己的学业和职业发展方向。

2.奉献爱心、践行社会主义荣辱观

通过该专题实践，引导学生创建社区作业吧，参与留守儿童教育、空巢老人照顾等义工服务，让学生真正知荣辱、辨真伪，树立正确的社会主义荣辱观，提高思想道德素质。

3.和谐社区，志愿者服务

各专业学生利用自己专业特长在课余时间为社区居民服务，如计算机专业学生开设"电脑诊所"，为社区居民的计算机软硬件故障进行诊断和维护。电子应用技术专业的学生设立"电子协会"，为社区居民维修家用电器。

4.服务社区，促进城乡一体化

"服务性学习"与"三下乡"社会实践活动虽然性质、内容不尽相同，但两者存在融合的新思路。通过有效管理活动过程，结合"三下乡"活动，组织学生到农村去参观考察，让学生

了解农村需求，理解国家新农村建设的政策，构建和谐社会的意义，更让学生感到自己肩负的历史使命，并努力找寻解决出路，为之建言献策。

5.法制社区，提高公民法律素养

利用寒暑假回家之际，向家人，乡邻宣传法律知识；城镇学生在社区普法。定期到社区进行普法宣传和咨询，要求学生写出调查报告或总结。通过践行"服务学习"理念，组织学生社会实践，让学生在服务学习中反思，在实践活动中感悟，提高思想道德品质和法律素养。

6.体验革命生涯，珍惜幸福生活

组织学生参观革命纪念地和伟人故居等，让学生理解我们祖先的奋斗精神和革命时期的艰苦生活，激发作为中国人的自豪感，珍惜今天的和平时代，向榜样学习，为国家和民族的强大做出自己的努力。

（三）实践教学应注意的问题

1.实践教学与学生专业相结合

安排实践教学单元时，要根据学生的专业特点进行设计，充分调动教师和学生的积极性，处理好理论教学与实践教学的关系。避免"服务性学习"实践教学，与传统的团委组织的"三下乡"等暑期社会实践等同而将其泛化。

2.建立保障机制

要进一步落实学校党委统一领导，主管校领导负责，学校宣传，学生，教务，科研和财务等部门相互配合，思想政治理论课教学单位贯彻落实的领导机制和工作机制，要确保生均15-20元的思想政治理论课基本建设经费，使实践实训模块的教学单元能真正实施下去。

3.完善考评机制

考试是检查学习情况和教学效果的一种重要方法，但它绝不是唯一方法，要逐步形成一套闭卷与开卷，笔试与口试，平时作业与期末测试、理论认知与实际表现相结合的综合考核制度，将实践教学制度化、常规化。

要给予思政课实践教学环节给予一定的学分，将服务学习实践教学纳入考核，如将《思想道德修养与法律基础》的3个学分，一分为二，2个学分用于理论专题教学；1个学分用于服务学习实践教学，让学生有足够的压力和动力去参与，投入到服务学习实践中去，并通过制度让思政课实践教学常规化和长期化。

第五章　大学生思政课实践教学评价

实践教学已成为思政课教师教学工作的重要组成部分，但不完善、不健全的教学考核评价体系导致思政课实践教学效果不佳，学校作为考核评价的一大主体，要发挥领导性、机智性作用，完善实践教学考核评价体系。

第一节　思政课实践教学的准备

一、思政课实践教学环境的保障

实践教学的实施是在一定客观条件的基础上进行的，只有客观条件满足需要，教师和学生才能进行实践教学，而学校作为全校各方面的管理者，不可避免地对良好的教学环境起到保障作用。

（一）实践教学场地和其他各项资源的保障

思政课教师进行实践教学，一是校内实践教学，需要占用的资源一般是多媒体教室、小型活动室。所以首先要保障在教师要使用多媒体教室或小型活动室时能及时给予批准，不出现拖拉现象。其次是对校园文化场地或者实践场地的占用，教师在实践教学环节中，需要带领学生进行马克思主义经典诵读活动，情景剧等活动，激发学生学习的兴趣。最后是在有条件的高校应对校内实践基地或者VR教室的建设和投资，学校要及时给予支持。二是校外实践教学，一种是去当地博物馆，参观历史遗迹，重拾过去的经典，更加深入了解当时的历史环境，学校要提前与博物馆进行协商，保证教学的顺利进行。另一种是参加公益活动，如帮助残疾儿童、采访榜样人士、参加义工活动等这些一部分需要学生自我积极参与，另一部分则需要学校创造机会。再者，教师带领学生去历史文化名人故居，参观红色景点，教师要保障学生的安全，同样学校也要为师生的出行提供一切便利的条件，保障实践教学的正常进行。

（二）实践教学经费合理分配的保障

任何一项教学活动的进行都离不开经费的支持，而经费一般由学校统一安排，一项经费的审批过程烦琐，进度较慢，常常会出现资金不到位的情况，部分教学活动无法正常进行。例如，某位教师想要组织带领学生去参观一个故居，他们的出行首先需要交通工具，而一个班级学生众多，要想全部出行，需要租几辆汽车，这样以来所需经费就增加，而学校一般批不了那么多，最终就变为个别优秀学生的实践活动。在等他们回来之后，由参与的学生在班级讲述他们的经历，其他学生就只能间接地参与实践教学活动，这样教师组织的实践教学就达不到预期目的。面对这种情况，学校应发挥管理者作用，对实践教学活动所需经费进行调查，对学校经费进行合理安排规划，首先从经费方面保障实践教学活动实施。

（三）实践教学时间合理安排保障

从教师的角度来看，教学工作是其生活的一部分，他们还有自己的家庭生活和社会生活，在繁重的教学任务和家庭负担双重压力下，他们策划一次完整而有效的实践教学活动往往力不从心。面对这种情况，学校应合理分配每位教师的教学任务，让他们能在高效地完成自己课堂教学任务的同时，开展有效的实践教学活动。这就要求教师要分工明确，如各教师主攻一门思政课，或者专门抽出部分老师从事思政课实践教学活动，并给予适当的工作量倾斜。从学生角度来看他们在校不是只进行思政课的学习，还有专业课的学习，繁重的学业任务使他们不能全身心地投入思政课实践教学活动中去，常常是交一份简单的作业应付考试，使实践教学失去原本的意义。因此，学校要为思政课做好顶层设计，在教学政策上适当向思政课教师倾斜，使思政课教师成为人人羡慕的职业，进一步提高思政课教师的经济待遇和政治待遇。在思政课教师内部，进行进一步细分，即成立思政课实践教学中心，专门负责思政课实践教学，理清职责，配强配齐教学部主任、副主任，动员全校力量从事思政课实践教学，使其看得见、听得着、有实效。

二、思政课实践课题选择

（一）实践选题的意义

（1）实践选题决定着实践的内容。不同的实践题目，有着各自不同的目标、内容，学生期望通过实践活动达到什么目标，完成哪些内容，就需要在多种实践课题中作出恰当选择。

（2）实践选题决定着实践的形式。形式为内容服务，内容与形式之间存在紧密联系。从一开始，实践选题就不仅决定了实践的内容，而且也决定了实践的形式。

（3）恰当的实践选题决定着实践的最终效果。实践选题是否恰当、合理，取决于实践者的主观条件与外部的客观条件等多种因素。

（二）实践选题的原则

实践课题的来源，主要有两种形式：一是教师向学生布置，二是学生自主设计，由于教师对教学内容的把握更全面、准确，因而教师从教学要求出发，向学生布置可供实践的参考选题，具有十分的必要性和合理性。同时，为了鼓励学生更积极主动地参与实践，在教师统一布置实践参考选题之外，亦可允许学生自主设计实践课题。

无论实践课题来自哪种形式，学生在选题时，都须注重遵循以下原则：

（1）实践课题须是以教材为依据，紧密扣合教材内容。实践教学是对理论教学的扩展和延伸，开展实践教学的一个基本目的，就是以针对性的研讨、调查等方式，加深学生对教材理论知识的学习和理解，增进学生的学习效果，如果实践课题超出了教材范围，就脱离了课程实践教学的宗旨要求，因此，以教材为依据，符合教材内容，是实践选题应循的首要原则。

（2）实践课题须注重切合当前社会的重点、热点、焦点问题，选择与课程内容有密切关联的社会重点、热点、焦点问题进行实践教学，将有利于实现理论同实际结合，有利于使学生主动投向对社会问题的关注、研究，并在这种关注与研究中既加深对基本理论知识的学习、掌握，又训练自己的思考、分析、研究能力。

（3）实践课题须结合自己的兴趣爱好、思想实际，实践课题在没有超出课程知识范围的前提下，如能结合学生的兴趣爱好、思想实际，就有利于充分地调动学生实践的积极性，使实践教学取得更好效果。

（4）实践课题须适合自己已有的理论知识储备。如果学生对某一问题长期关注，甚至做过相关研究工作，那么针对此问题的进一步调查研究，就能做到驾轻就熟，成效更大。

（5）实践课题须符合自己未来的研究、发展方向，已经确定或有志于未来某种学术研究方向，或制定了事业发展方向规划的同学，可将实践教学题目与未来的学术研究、事业发展方向结合，使自己目前的实践活动能够为未来的研究、发展打下初步基础。如，某同学希望今后到农村基层工作，就可重点考虑选择关于农村基层社会问题的社会调研题目。

总之，面对多种实践课题，学生须综合权衡，认真选择，务求将实践教学当作锻炼提高自身能力的宝贵机会。

三、思政课实践教学调研大纲设计

（一）设计调研大纲的意义

如果选择的是调研类实践课题，在着手调研前有必要认真设计调研大纲。

调研大纲是对调研者在实践过程中拟调研的问题、调研的主要内容、调研的思调研的方法等做出的设计规划。设计好调研大纲，对于调研者有序展开实践利完成实践任务具有重要意义。

（二）设计调研大纲的方法

在撰写调研大纲时，须注意以下几点：

（1）要明确调研主题，做到调研工作有针对性。调研主题是整个调研工作围绕的中心线，只有主题明确，才能很好地把握调研的基本目标、基本问题、基本内容。

（2）要认真设计主题下的纲目、分目、细目，以使调研工作有条不紊地进行。纲目、分目、细目之间要有清晰的逻辑联系，避免思想和内容混乱。纲目、分目、细目又须务求详尽、周到，以保证调查深入细致，收集的材料充实丰富，观点结论具有说服力。

（3）要事先拟定好调查线路、调查对象、调查方式，做到准备充分，有条不紊。

（4）要对最终的调研报告在叙述、论证方法等方面，制订出初步规划，为调研报告撰写做好前期的基础工作。

四、思政课实践教学调研策划书撰写

调研策划书是针对整个实践过程制定的调研设计计划。

（一）调研策划书的内容

（1）调研的背景、宗旨目标、意义的介绍。使调研者从总体上把握本次调研活动，为调研活动展开做好思想理论准备。

（2）调研的时间、地点、实践地情况的介绍。尤其是实践地情况的介绍，能够为实践活动顺利进行准备重要条件。

（3）调研内容、解决思路、成员构成及分工、预期成果的介绍。尤其是调研内容、解决思路，介绍越详细，对于实践活动顺利进行，越能提供重要

保障。

（二）调研策划书的意义

设计细致、内容详尽的调研策划书，无论对于个人调研者还是团队调研者，都有重要意义。它使调研者熟悉本次调研活动的内容要求、安排步骤等，从而保证了调研活动能够循序展开，有条不紊的进行。

五、思政课实践教学调研日程安排

外出调研时，需要做好调研的日程安排。

尤其是集体调研，周到细致的日程安排，对于实践计划的顺利执行具有十分重要的意义。

制定日程安排时，需要注意的问题如下。

（1）事先与调查对象联系沟通，作为制定日程安排的依据。

（2）根据调查地、调查对象、调查内容等情况，拟定调查路线、方式和时间。

（3）日程安排务求周到细致，充分考虑到各种因素。

（4）预留一定时间，备好应变方案。

六、思政课实践教学调研组队

（一）组队调研的形式

在调研过程中，调研主体可分为个人调研、组队调研两种形式。而组队调研又分为自主组队、教师指导组队两种形式

个人调研，是由个人独立完成课题的调研与报告的撰写。适合于在教师的特定要求下的、在校内或学校周边开展的小型调查。

组队调研，是依据学生自主组队或教师指导组队的原则，由2人以上的调研团队实施的调研活动。

（二）组队调研的利弊

个人调研的优点在于：学生能根据自己情况，自主安排时间；能够充分调动每个人的主动性；比较有利于防止部分学生的"搭便车"和偷懒取巧。

个人调研的缺点在于：不能实现团队的协作配合，取长补短；因个人时间和精力的局限而影响调研的广度和深度；个人外出存在一定安全隐患。

组队调研的优点在于：能够发挥团队的合作与互补的优势，保障实践获得更多更好的成果；调研过程亦是成员间相互交流、相互学习、相互提高的过程；能够增加成员外出调研时的安全保障系数。

组队调研的缺点在于：因成员较多，增加了组织协调方面的工作；因可能存在分工不明确，导致一些成员不能获得应有的实践锻炼。

（三）组队调研的要求

（1）注意人数适中，以2-5人为宜。人数太多，难以保证每个成员都积极主动参与实践过程

（2）选择团队成员时需要考虑兴趣爱好、专业特长等问题，真正做到优势互补

（3）要选定团队负责人，以便统一指挥调度。

（4）调研前需要拟定好包括成员分工的调研计划，做好周到的日程安排，保证成员能够各司其责，调研工作有序进行

（5）调研报告中需要反映出每个成员的实际贡献，作为教师评定分数的依据。

七、思政课实践教学准备工作

外出调研前的充分准备，是调研工作顺利进行，取得调研良好效果的重要保证。

（1）反复审核、修改、完善调研大纲、日程安排等，明确调研目标、路径，详尽考虑每一调查步骤及可能出现的意外变故，做好相应的备选方案。

（2）对拟调研问题，事先尽量多收集、研究相关文献资料与学术成果，为调研工作做好必要的知识、理论准备。如果缺乏相应的只是、理论准备，则可能出现调研的思路紊乱，调研的问题肤浅，调研的内容空乏，从而影响调研的效果。

（3）出发前多了解调研地的各种情况，作为调研工作中的背景参考资料。

（4）事先于调研地方、调研的重点对象做好联系工作，以免要展开调查时因为找不到对象而影响调研的进行。

（5）对交通、食宿等事项有事先的周到安排。

（6）对调研工具，如笔、记录本、照相机、摄影机等也要事先准备好。

八、思政课实践教学安全措施

外出调研要牢牢树立安全意识，细心防范可能出现的安全隐患，杜绝安全事故的发生。

（1）团队要反复强调安全的重要性，使每个成员在思想上高度重视安全问题。

（2）团队要制定针对不同情况的安全应对预案，做到自认明确、分工到人。

（3）如果外出考察地点情况复杂不明，经费充裕，团队应该尽可能为每个成员购买短期外出保险。

（4）团队要制定严格的纪律要求，保障成员服从统一指挥，减少意外发生概率。

（5）团队负责人需要掌握成员的通讯方式，以便随时联系。

第二节 课堂实践教学评价

所谓课堂实践教学评价，是指在系统、科学、全面地搜集、整理、处理和分析课堂教学信息的基础上，对课堂教学的价值做出判断的过程。其目的在于促进课堂教学改革，提高课堂教学质量。思政课课堂实践教学模式，是指在一定的教学理论指导下，为实现特定的教学目标而设计的一种教学模型。它不仅是一种教学手段，而且是从教学原理、教学内容、教学目标、教学任务、教学过程，直至教学组织形式的，一个整体、系统的操作样式。

科学完整的教学方案是进行课堂实践教学的基础准备工作，因此思政课教师要对即将开展的实践教学活动有合理的规划和安排，对实践前、实践中以及实践后的各方面问题进行预测与模拟，从而保证实践教学的顺利开展。

课堂实践教学一方面是对教师实践教学方案的考核。教学方案是教师对想要进行的实践教学进行的前期规划安排，实践教学最终效果如何，很大程度上取决于教学方案的质量。教师指导学生制定简单明了、准确合理的教学方案能减少后期工作中的问题与麻烦，从而提高工作效率，发挥思政课实践教学育人作用。但实践教学并不是天马行空的想象，即教师在制定教学方案时，要充分考虑实际情况，了解学生的现实状况，在方方面面情况的综合考虑下制定，必须考虑可行性、科学性、安全性问题。实践教学方案首先要符合党的基本方针、政策，不能出现方向性错误；其次要制定详细的教学目标、内容与任务，并选择合适的教学方法；最后要对学生提出具体的教学要求，用科学完整可行的教学方案保证实践教学活动的实施。

课堂实践教学另一方面是教师对实践教学方案预期结果的考核。教师考核实践教学方案中要包括对结果的预估，即进行这一活动是为了达到什么样的教学目的，最好的结果与最差的结果都要进行估计。不同于普通课堂教学的教学方案，实践教学灵活性较大，不可估计因素较多，例如，大部分学生都十分认真配合，努力地完成教学工作，但有小部分学生就抱着应付了事的态度，这就会使实践教学效果大打折扣，因此对这部分的考核必须充分考虑到。进行思政课实践教学目的是提高思政课的实效性，让学生在实践中达到提升思想道德素养、树立正确的世界观、人生观、价值观的目的，因此可以说，实践教学方案的预期目标是实践教学的灵魂。

思政课课堂实践教学评价应从以学生为主体、精心组织准备、培养学习方法和思维方式、课堂实践教学的驾驭、课堂分享与小结等5个方面入手，见下表：

一级指标	二级指标	满分	权重	评分	总分
以学生为主体	1.师生共同参与	20	5		
	2.因材施教		5		
	3.理论指导实践		5		
	4.学生自主获取知识		5		
精心组织准备	5.学习指导者	20	5		
	6.精心安排教学内容		5		
	7.认真设计教学环节		5		
	8.深入讨论与延伸阅读		5		
培养学习方法和思维方式	9.教会学生"怎样学习"	20	5		
	10.辩证的视角质疑和批判		5		
	11.发展学生独立思考和独立研究能力		5		
	12.驾驭知识的能力		5		
课堂实践教学驾驭	13.关注学生课前学习情况	20	5		
	14.督促、指导与辅导学生学习		5		
	15.把握课堂节奏，调动课堂气氛		5		
	16.激发学生的创新精神和创造能力		5		
课堂分享与小结	17.研究性学习	20	5		
	18.组织学生进入分享环节		5		
	19.综合讲述和分析		5		
	20.对实践教学活动全过程进行小结		5		
加分	课堂教学成果获奖及加分	10	5		
合计		110	5		

一、以学生为主体

1.师生共同参与

"以教师为主体"还是"以学生为主体"，是区别传统课堂教学与课堂实践教学的主要依据。一般课堂教学，无论是理论讲授，还是案例教学，大多是以教师为主，学生处于次要的地位。实行课堂实践教学，就是要实现一个由"以教师为主体"到"以学生为主体"的转变，突出学生的主体地位。但是，强调"以学生为主体"，并不否定教师在其中的地位。相对于学生的主体地位来说，教师起着至关重要的组织与引导作用，是完成课堂实践教学的重要保证。

2.理论指导实践

课堂实践教学是课堂理论教学的补充，应以理论教学为中心，通过多样而适合的实践教学形式和内容来充实、拓展、丰富课堂理论教学的内容，使理论真正联系实际。通过理论教学内容，来丰富实践教学内容，用理论来指导实践。实践教学的主题应根据理论教学的相关内容来确定，要具体而明确，突出教学目标和目的，便于学生得到直观而生动的教育。

3.学生自主地获取知识

教学活动中要提倡学生独创性地研究和发现真理，不主张传统的"课要讲深讲透"的观点，而是留有余地或有意设疑，增强学习难度，让学生去研究探讨。讲课时，不必过于追求广征博引，而应做好"举一"，让学生自己"反三"，使教学过程不断沿着"有疑、无疑、有疑"的轨迹螺旋式上升，使学生在掌握学习方法的同时具备一定的研究能力，以提高学生获取知识与创新知识的能力。应该在必要指导的前提下，尽可能创造宽松的学习环境，最大限度地调动学生学习的积极性，让学生能动地、创造性地学习。这样，在教学过程中，学生不再是被动、消极的听众，而是主动的求知者。

二、精心组织准备

"台上一分钟，台下十年功"，要实现课堂高效教学，必须做好课前准备。备课不是单纯地写教案，不仅要花工夫钻研教材、理解教材，仔细琢磨教学的重、难点，更要了解学生的实际情况，合理设计教学活动。仔细考虑课堂教学中的细节问题，对于课堂上学生可能出现的认知偏差要有充分的考虑，针对可能发生的情况设计应急预案，确保课堂教学的顺利进行。

1.学习指导者

教师不是企业的领导者，而是学生学习和做人的指导者、辅导者、服务者。有些国家的教育领域中把老师称为"学习指导者"，这种说法很有启发意义。

2.精心安排教学内容

这是保证课堂实践教学能否取得预期效果的一个首要因素。教师不仅要熟悉教材，也要熟悉学生，选取思想性、教育性、针对性、现实性较强的内容，让学生学习与思考。

由于课堂教学时空的局限性，决定了课堂实践教学规模小、时间短、活动紧凑的特点。

因此，实践教学要精心设计，充分准备。首先，实践教学主题依据理论教学内容来确定，以节或一个问题为中心设计主题，简洁明了，不可贪多求大。其次，实践教学的形式根据教学内容灵活选用，以最能表现教学内容的教育意义为原则，确定实践教学方案。最后，课堂实践教学的时间不宜过长，一般不超过一课时，要保证理论教学的时间。

3.认真安排教学环节

这是保证课堂实践教学能否取得预期效果的一个基本因素。教师要做好课堂实践教学的准备工作：第一，课前将本次课要讨论的材料提供给学生，让学生阅读并提出问题；第二，在课堂讨论开始前，将班级学生每10人左右分为1个讨论组，进行讨论；每组推选出1-2人作主题发言，将小组讨论情况以及主要观点与全班同学交流。教师对学生讨论情况进行点评，总结，充分尊重学生的意见，凡言之有理者，都予以鼓励在学生学习讨论的基础上，提出新的问题，再次让学生讨论。这是课堂实践教学中需要

4.深入讨论与延伸阅读

重视的一个环节，即深入讨论与延伸阅读。教师在对学生的看法评论后，根据教学目的，引导学生思考，与学生进一步讨论材料，使学生有更深的认识。然后，指导学生根据认识情况，撰写学习报告，以巩固学习效果。教师要灵活运用辅助手段。根据教学内容，教师可以适当配合相关图片与视频，以增强教学效果

三、培养学习方法和思维方法

1.教会学生"怎样学习"

美国著名现代教育家珍妮特·沃斯指出，"在知识经济时代，学习怎样学

习，比学习什么更重要"。教师不仅要传授理论知识内容，更要注重教会学生"怎样学习"。

2.辩证的视角质疑和批判

当学生掌握了好的学习方法和思维方法，就可以把这些方法应用到任何科目以及迅速更新的知识学习中去，从而在知识增量不断变化的情况下，做到以不变应万变，而且可以从辩证的视角质疑和批判，并最终发现不合时宜的知识内容，做到知识创新。

3.发展学生独立思考和独立研究能力

教师不仅要把所要教授的基本知识、基本概念、基本原理传授给学生，而且还要把前人的独创经验和方法适时地教给学生，把教学过程作为科学研究过程的"雏形"，或者作为科学研究过程的"模拟"。这样可以引导学生进行独立的探索，发展学生独立思考和独立研究的能力。

4.驾驭知识的能力

我们应该学习国外很多大学的做法，大力推行思政课课堂实践教学的问题考察、课题研究等小论文的开卷考试形式，把考查学生运用知识、多角度解决问题的能力和创新意识放在首位，真正通过考试提高学生分析问题和解决问题的能力，培养和锻炼学生思维的深刻性条理性、周密性、敏捷性和创新性，从而真正提高素质。

四、课堂实践教学驾驭

1.关注学生课前学习情况

教师要充分关注学生课前学习情况以及遇到的问题，与学生及时交流，督促、指导与辅助学生学习。首先，教师要课前把问题给学生。这个问题是根据教学内容与安排提出，只是课堂讨论的方向，未必是某个具体的问题。其次，学生自学与准备。让学生根据要讨论的问题查阅资料，做好笔记；让学生根据阅读情况，提出自己的问题和看法。学生提出的问题是围绕课堂讨论的大问题而发散出来的子同题，是课堂讨论问题的具体化。

2.督促、指导与辅助学生学习

考虑到部分学生学习兴趣不高、主动性不强，这个阶段的督促就非常关键，是关系到课堂实践教学成功与否的重要因素。根据课堂讨论情况，结合课前学生学习准备，写一篇学习报告，对整个实践教学活动作一总结，实现由知识学习向能力培养方面的转化。

3.把握课堂节奏，调动课堂气氛

课堂讨论时，把课堂交给学生，教师要做好管理与辅导学习工作：一是引导学生围绕讨论问题与教学目标进行讨论；二是注意把握课堂讨论节奏，调动课堂气氛，保证课堂讨论交流顺利进行；三是对学生的观点予以适当点评，多予鼓励与表扬。

4.激发学生的创新精神和创造能力

在课堂实践教学中，教师应当尊重不同类型的学生，以一种分类关心、个别引导、全员帮助的态度来积极营造和谐的教学氛围。尊重学生还体现为激励、赞赏学生。抓住合适的机会给学生以诚挚的鼓励，使他们得到自尊的肯定和奋发学习的动力。赞赏不仅仅针对学生学习中小小的进步、积极的努力和成绩的提高，更重要的是赞赏每一位学生的独立性、兴趣、爱好和专长赞赏学生对教科书的大胆质疑和对教师的超越，赞赏学生的创新精神和创造能力。只有这样我们的课堂实践教学才能真正达到学生健康成长、教学效率极大提高的效果。

五、课堂分享与小结

1.研究性学习

考虑到思政课教学的实际情况，一个学期内，一个学生可以专门深入研究一个问题即可，希望在这个研究性学习过程中，学生能够提出问题，有自己的看法，从而扩大知识面，培养学习能力。课堂实践教学与理论教学紧紧相扣，对学生的教育和影响是直接的、具体的时效性很强。

2.组织学生进入分享环节

课堂实践教学活动结束后，教师要及时组织学生进入分享环节，让学生谈感受和感想，教师应给予适当的点评。

3.综合讲述和分析

在分享环节之后，教师应对实践教学活动的意义做综合讲述和分析，回到理论教学的内容，以期达到实践论证理论、理论与实践相结合的教学目的。

4.对实践教学活动全过程进行小结

课堂实践教学结束之前，教师要对实践教学活动全过程进行小结，对于学生的参与予以表扬和鼓励，同时指出成功的地方以及不足的方面，以期在以后的课堂实践教学活动更进一步提高和完善。

第三节　校园实践教学评价

思政课校园实践教学活动，是指学校在思政课课堂教育以外，有目的、有计划地对学生进行的多种多样的教育活动。它是学生课余生活的良好组织形式。苏联著名教育家苏霍姆林斯基认为校园实践教学活动是学生"智力生活的策源地"，通过校园实践教学活动使"青少年迈上了科学思维的道路"。他认定校园实践教学活动是学生"个性发展的一个重要条件"只有当学生每天按自己的愿望随意使用5-7个小时的空余时间，才有可能培养出聪明的全面发展的人才。

一、校园实践教学评价指标构建原则

按照科学研究中实证与规范相统一的原则和要求，建立思政课校园实践教学活动评价指标，有两个原则，一个是科学性，另一个是实用性。为了满足这两个指导原则的要求，在建立校园实践教学活动评价指标的过程中，应当遵循以下具体原则：

（1）导向性原则，指导校园实践教学活动工作，提供建设性意见和反馈信息；

（2）整体性原则，从校园实践教学活动整体出发，评价标准全面，各指标完整196·高校思政课I实践教学教程

（3）客观性原则，评价客观，确切地反映出评价的真实水平；

（4）可测性原则，通过实际观察和测量而获得明确的结论；

（5）简易性原则，指标体系做到简便易行，反映评价的真实目的且行之有效。

二、校园实践教学评价表

通过选取适当的指标并对单个标准的指标体系定量评价，判断单个校园实践教学活动水平的高低，从评价结果中找出标准制定和实施过程中的薄弱环

节，通过专家打分，对指标量化以及利用层次分析法计算权重，实现了定量评价单个校园实践教学活动评价指标标准水平的目的，为评价和制定，修改标准提供依据，有助于标准水平的提高。同时，还对校园实践教学活动评价指标体系标准进行试评，测试指标选取的合理性和可操作性，通过试评结果得出需要进一步完善的地方。

一级指标	二级指标	满分	权重	评分	总分
活动组织原则	1.师生共同参与原则	20	5		
	2.因材施教的原则		5		
	3.活动性、实践性原则		5		
	4.因地制宜、创造条件的原则		5		
活动形式方法	5.课堂教学的延伸和补充	20	5		
	6.使参与者手脑并用		5		
	7.活跃参与者的生活		5		
	8.开拓参与者的视野		5		
活动指导	9.明确目的，做好各项准备工作，组织落实，计划落实	20	5		
	10.积极组织器材、仪器设备		5		
	11.精心安排好每次活动，让参与者有所得		5		
	12.积累资料、充实内容、形成特色		5		
活动的组织要求	13.有明确的目的计划	20	5		
	14.活动的内容和形式有助于参与者的成长		5		
	15.有特定的内容和计划		5		
	16.充分发挥参与者的自愿性和自主性		5		
活动效果	17.发挥参与者的特长	20	5		
	18.在组织活动中培养高尚的品德		5		
	19.提高学生能力		5		
	20.得到学生欢迎，收到师生好评		5		
加分	教学活动成果获奖及加分	10	5		
合计		110	5		

三、校园实践教学活动评价表的操作

（1）组织学习评价表。在实施前，应组织学习评价表，理解评价指标体系的内涵，只有理解指标体系的内涵，才能正确驾驭体系。

（2）建立二级学院（系）指标体系评价小组。评价小组须挑选出业务水平较高、教学研究及教学管理能力较强、秉公办事、作风正派的教师参加，人数为5~7人为宜。组长则要由教育理论水平高、教学研究能力强，对教学评价有一定研究、工作认真负责、有较强组织工作能力的同志担任。

（3）组织评价小组对指标进行学习讨论及修订完善。评价前要组织评价小组成员学习评价标准和评价记分办法，若标准要求不恰当处或者评分不合适处，经评价小组讨论可以修改，评价时要依据修改后定下的统一标准和办法实施。

（4）进行试评。选择若干人员进行试评，从中检验指标的可行性。

（5）评价。评价前评价小组全体成员要事先查看实践教学授课计划，了解学生情况，实事求是地做出评价。

（6）评议统分。评价人员在经过评价后按评价标准要求及教研室总体情况评定给分，评分要体现评价人意愿，一律以参加评价人员评价表上所打分数为准，以评价小组全体成员的总分作为评价分，以所得总分的高低鉴定教研室或者用总平均分划分名次。

四、校园实践教学活动对教师的考核评价

教师考核评价是高校教师选聘、任用、奖惩等管理事宜的基础和依据，良好的考核评价体系能够促进教师积极性，不完善的考核评价体系会影响教师工作积极性。高校根据教师差异特色、个性潜能，完善教师考核评价体系，让考核评价成为服务人才、服务教师发展的有力推动力。

（一）实践教学方案的制定

制定科学完整的教学方案是进行实践教学的基础准备工作，因此思政课教师要对即将开展的实践教学活动有合理的规划和安排，对实践前、实践中以及实践后的各方面问题进行预测与模拟，从而保证实践教学的顺利开展。

（二）对实践教学活动组织情况的考核

对校园实践教学活动组织方面的考核，主要是教师对于实践教学活动如何开展状况的评估与考核，主要考核内容是：第一，是否按照经过批准的实践教学方案执行，有无变通或缩水现象。学生在制定实践教学方案时往往想得比较理想化，对实践过程考虑不周，对各种困难缺乏应有的客观估计。这就要求

教师在学生制定方案时多给予提醒与指导，让学生充分考虑到各种问题，但方案一旦确定下来，就必须不折不扣地执行，这既是维护实践教学效果的基本要求，也是培养学生契约精神的必要手段。第二，学生实践活动中，指导教师需要时刻关注学生实践具体情况。如进展到哪一步了，有无实际困难，如何克服困难等问题，这是出于学生安全的考虑，毕竟安全第一。同时，实践方案毕竟是写在纸上的东西，真正落实起来往往有很多不可控的实际情况，即使考虑得再周到，仍然有不完善的地方。如学生到农户进行入户问卷调查，农户家里很可能举家外出打工，无法完成问卷调查，或者家里留守人员年龄太大，不认识字，听力也不好，无法进行有效的交流等实际情况，就要对原定方案进行必要的变通和调整。指导教师就需要指导学生如何在保证研究结果不会出现太大偏差的情况下进行变通。

（三）实践教学结果的评定

指导教师需对学生实践教学提交的资料是否真实可信，本次实践教学是否达到了预期目的进行评价。学生提交的实践教学资料是教师评价实践教学的基本依据，这首先就需要教师对学生提交的实践教学成果进行甄别、核对，以确定其真实性、有效性。当然，绝大多数学生都能认真完成实践教学活动，按照要求提交实践报告或提供实践教学作品，但不排除个别学生投机取巧，任课教师对这种现象一定要认真查证，严肃处理，绝不姑息。这不但关系到考核评价的公平性问题，而且会影响到学生日后对待社会的基本看法，影响到其人生观和世界观的形成和发展。其次，指导教师根据学生实践教学综合情况，如实践方案的创新性、实践教学的难度、实践报告的水平等给出综合评价。这里需要注意的问题是，评价时一定要充分考虑到实践教学选题的创新程度和实践教学的难度，给予在这方面显示度高的学生比较高的成绩，以培养学生永攀科学高峰的奋斗精神。

（四）对教师实践教学情况的评价

对教师指导学生实践教学情况的评价是指导教师获得教学工作量的基本依据，也是下一步教师能否继续指导学生实践教学的基本依据。对教师指导实践教学的评价包括两方面：一方面是学校或学院对教师指导实践教学活动情况的考核与评价。对教师实践教学指导情况的评价"应实行以发展性评价为主、奖惩性评价为辅的考核评价模式"。在实践教学活动完成后学校应对教师进行实践教学的态度做一个评定，看在每学期实践教学活动中，有多少教师是认真完成教学工作的，又有多少是态度不端正的，并给予奖惩评定。还要对教师实践教学能力进行评定，根据本学期的实际情况，来估算下学期每个教师负责多少学生，安排多少工作量，要做到能者多劳多奖。再者还应对实践教学过程中，教师教学的方式方法进行评定，来了解哪种方法最能达到预期效果，哪种方法贴近学生，深得学生的喜爱。最后对教师实践教学活动评价的考核，对学院或其他教师进行的活动评价要重新进行一次务实的考核，使教师对考核结果满意，从而保证认真进行下一步教学工作。另一方面是学生对教师实践教学指导情况的评价。高校大学生已是成年人，他们有自己的个人意识和评判标准，并且作为实践教学活动对象也是最具有发言权的主体。学生对教师的评价是较为直接与客观的，在亲身经历的过程中，学生可以感受到教师是否对实践教学活动尽心尽力，以及教师是否有能力完成某项实践教学工作。学生的评价能够加强教师队伍和思想政治工作队伍建设，加强资源开发，从而有利于建设一支立场坚定、始终与党中央保持高度一致，马克思主义理论素养高、人文社会科学基础知识扎实、学贯中西、功底深厚，善于运用现代教育教学手段、创新教学方法，师德修养好、富有人格魅力和亲和力的思政课教师队伍。"

第四节   社会实践教学评价

社会实践是高等教育的重要组成部分，很多高校已把社会实践列为学生的必修课。建立科学的社会实践效果的评价指标体系，对大学生社会实践效果进行科学合理的评价，不仅有助于增加大学生进行社会实践的积极性和主动性，真正达到对学生综合素质进行培养的目的，而且对于促进社会实践教学的不断完善和良好有序发展。

一、社会实践教学评价指标构建原则

目前各高校针对大学生社会实践教育效果的评价体系良莠不齐，有很多条目不具有可操作性及针对性，过分地注重经验性的考核而忽略了科学性内涵。评价体系的不尽完善，已经成为了制约大学生社会实践效用发挥的重要原因，导致社会实践往往流于形式，开展效果得不到有效跟踪考察，在一定程度上削弱了其对"强能力、增知识、长才干"的积极作用。因此，设计一个合理的社会实践教育效果评价指标体系，成为了亟待解决的问题。

社会实践教学的评价是一个复杂多因素系统问题，其评价内容是多方面的，只有对其主要因素及指标进行综合评价，才能够保证评价体系的合理性及科学性。综上，应该采用定性、定量相结合的方法对学生社会实践效果进行评价，一方面考虑社会实践报告、辅助证明材料等适宜用定量来表达的内容，另一方面又要考虑学生在社会实践过程中收获的成长、对社会的贡献等适宜用定性来表达的内容，唯有此，才能够真正客观、公正地对学生社会实践教育效果进行评价。

1.系统性原则

社会实践教学是一项涉及个人、学校和社会的系统工程，因此，对社会实践教学效果的评价应坚持系统性原则。而所谓的系统性，就是应该保证评价体系具有整体性、层次性及相关性，应该重视社会实践内部各要素间的相互关联、相互作用。只有坚持系统性原则，才能全面考察社会实践教育效果的各个要素，并使具形成有机整体，以便有效控制。

2.科学性原则

每项评价指标都须经过科学论证，要能直接反映学生参与社会实践教学的情况，各指标名称，概念要科学确切，建立的评定模型也要科学合理，充分运用现代科技对社会实践教学效果进行定量计定，并保证评定结果的一致性和准确性。

3.可操作性原则

大学生社会实践教学的形式多样、内容丰富。因此，对大学生社会实践教学效果的评价，每一个测评指标都应有具体、明确的考核意义。指标应尽可能定量化，便于准确描述学生参与社会实践教学的客观体会、尽可能排除人为因素影响，确保评价结果真实可靠。

4.主体性原测

大学生社会实践教学的主体是学生，发挥学生的主观能动性应贯穿社会实践教学始终。因此，突显学生的主体性要成为社会实践教育效果评价的价值取向。在社会实践教学效果评价过程中遵循主体性原则、就是指让学生也参与评价、在发挥评价者（评定小组成员）主导作用的同时，强化评价对象（学生）的主体意识。

5.普遍适用性原则

评价指标体系要综合考虑不同年级、不同活动形式、不同实践主题类型、求同存异、具有普遍意义，不能因评价对象性质的不同而做较大成都改变。

二、社会实践教学评价指标

根据教育评价理论，通过科学的评价内容、运用适当的评价方法，对大学生在社会实践中的发展进行价值判断，可以使学生通过评价不断认识自我、发展自我、完善自我。根据大学生社会实践教学的开展规律，运用德尔菲专家征询法，充分考虑学校学生工作职能部门负责人、部分学院分管学生工作的副书记和辅导员、学生代表的意见，按照学生"社会实践经历"教育效果评价指标体系建立的原则，最终确定从社会实践实施效果、实践者的成长发展多方评价结果三个方面建立综合评价指标机制（见下表）。

一级指标	二级指标	满分	权重	评分	总分
社会实践效果	1.活动实施过程保障	20	5		
	2.社会实践报告		5		
	3.辅助证明材料		5		
	4.宣传报道情况		5		
实践者的成长发展	5.团队协作意识	20	5		
	6.能力培养		5		
	7.社会责任意识		5		
	8.专业知识深化		5		
多方评价结果	9.答辩情况	20	5		
	10.实践者自我评价		5		
	11.指导教师评价		5		
	12.接收单位评价		5		
加分	社会实践成果获奖及加分	10	5		
合计		110	5		

三、评价指标说明

1.社会实践教学实施效果

社会实践实施效果是反映大学生所组织参与的社会实践最终实施结果的指标，针对这一指标进行考核可以了解学生社会实践活动的开展情况，进而针对社会实践活动在锻炼学生策划活动、开展活动等方面的教育效果进行衡量。

（1）活动实施过程保障。在社会实践过程中要求学生做好前期准备工作对社会实践活动有一个详细可行的策划。同时积极参与前期培训，并制定好安全保障措施；在整个活动过程中接收单位、指导教师等应该多方面协作来共同保障社会实践的顺利进行。

（2）社会实践报告。学生严格按照规定时间及格式要求上交实践报告，报告的逻辑性强，内容丰富，能够切实展现在实践活动中的感悟与收获。同时应能与实际紧密相联系，服务社会发展。

（3）辅助证明材料。学生在规定时间内上交实践活动的辅助证明材料，材料应涵盖照片、视频、音频、活动过程中产生的文件（问卷、学习笔记）等。

（4）宣传报道情况。在校内外各级媒体发表与实践相关的新闻，并通过展板、海报、新媒体等多种形式宣传社会实践活动进展情况，切实扩大活动的影响力、获得社会上的认可。

2.实践者的成长发展

社会实践教学的最终目的是让参与其中的同学的综合素质和各方面能力都

有所提高与发展，针对这一指标进行考核可以切实了解大学生在个人能力方面受到的教育情况。

（1）团队协作意识，衡量学生集体主义观念、分工协作精神，在实践过程中团队成员应该合作紧密、分工明确，紧张有序地完成各项工作内容，明白一个协作良好的团队的重要性。

（2）能力培养，学生在实践中能够有意识地逐步培养、加强自身的沟通能力、应变能力、表达与表现能力等，使综合素质有所提高。

（3）社会责任意识，学生在开展社会实践的过程中应该树立服务社会的意识，明确自己作为当代大学生所应承担的责任与义务，逐步树立起社会责任感与时代使命感，积极地为社会的发展进步贡献自己的力量。

（4）专业知识深化。社会实践的过程是一个将课堂所学与社会实际相结合的过程，学生在这个过程中应该能够在实际中检验所学专业知识，加深对课堂知识的理解与掌握。

3.多方评价结果

学生社会实践教育效学的评价应该让与社会实践相关的群体都尽可能参与其中，综合多个方面的结果来得到一个客观公正的认识。

（1）答辩情况。由学院职能部门组织答辩，学生在答辩中讲述应富有条理，思路清晰，能切实反映实践收获，展现分析问题、解决问题的能力。

（2）实践者自我评价。由实践主体综合自身的实践收获自主对教育效果进行评定。

（3）指导教师评价。由指导教师根据学生在实践中的表现及收获对教育效果进行评定。

（4）接收单位评价。由接收单位根据学生在实践中的表现及收获对教育效果进行评定。

针对大学生社会实践教学效果的评价，要全面考虑影响学生社会实践教育效果的各种因素，将定性与定量分析有机结合，既能够充分体现评价指标和评价过程的合理性，又能尽量消除个人主观判断的片面性，从而使评价结果更为客观、实际。综合分析所构建的学生社会实践教育效果评价指标体系可以发现，该体系能较全面地反映主要因素，可以为社会实践教学效果考核提供评价依据。

四、对学生的考核评价

随着时代的进步，大学生表现出创新能力强、理解能力强、接受知识快等特点，这就要求充分考虑到学生的个性发展，从有利于培养创新型人才的角度不断改进对学生的考核评价体系。"通过考核评价，不仅能检验学生对理论知识的掌握程度，更能激发学生勤于思考、善于发现、启迪创新思维的创新意识，提高学生交流、组织、协调、总结等能力。"总的来看，对学生的考核评价主要包括以下几方面。

（一）对学生参与实践教学广度的评价

面对国内外复杂形势，中国开始由创造大国向创新型国家崛起，因此培养创新型人才是大学教育的重要任务，特别是理工科大学，这一任务更为艰巨。必须注重大学生实践能力的培养，对学生参与实践教学的广度进行考核能把握学生对实践教学的参与度，对培养创新型后备人才有积极作用。

对学生参与实践教学次数的考核。在每学期的思政课中教师会组织一些学生参与实践活动，这是作为思政课实践教学成绩的重要来源，但教师也会组织非强迫性的教学活动，学生采取自愿原则参加，这时学生的表现就会有所差异，有些学生会积极主动地参加，表现出一种对思想政治理论知识的渴求，但同样有些学生就表现的兴趣不高，不愿参与，这时教师就应该对不同学生的不同表现进行了解，作为评定成绩的参考因素。例如，我校去年为加强学生对马克思主义理论知识的学习，组织了关于马列经典的诵读活动，这一活动并不是要求所有学生参加，而是鼓励有兴趣的学生参加，通过任课教师的鼓励，一百多人的课程班里参与该活动的一般不超过10个人。对于这些同学，任课教师应该给予格外关注，为他们学习马克思主义理论知识提供必要的帮助和引导。同样对于积极参加教师和学校组织的思政课实践教学活动的学生，要给予口头表扬，并且在成绩上也要有一定的体现，从而间接促进学生学习思想政治理论兴趣的提高。对于学生参与思政课实践教学次数的考核是进行其他考核的基础，教师应把它作为一个重要参考因素。

对学生参与实践教学种类的考核。思政课实践教学活动有简单的观看影片，写心得体会的实践形式，教师组织学生在教室中观看准备好的影片，学生在看完后上交心得体会（一般是一篇小论文），教师根据学生提交的论文评定成绩。同样也有社会实践类的活动，教师帮助学生或者学生自己寻找实践场所，参加公益服务性活动，如去残疾儿童学校、去敬老院帮助老人、组织捐衣送暖活动等，这类活动能让学生亲自参加、亲身体会，产生更直接的教学效果。还有"红色之旅"学习参观活动，主要是学生参观红色基地，让学生近距离感受过去一代代伟人的艰苦奋斗，是对学生爱党爱国、自强不息、艰苦奋斗品格的培养。学生应积极主动参与教师组织的每项实践教学活动，对学生参与实践教学种类的考核是考核广度的一个重要方面。

（二）对学生参与实践教学深度的评价

对高校学生思政课实践教学的考核评价是考核学生能否将所学理论和知识学以致用。思政课组织实践教学的目的是激发学生学习思想政治理论知识的兴趣、让学生把课堂学习的理论知识与实践相结合、提升学生思想素质等，因此对学生的考核必须涉及学以致用层面。马克思主义哲学告诉我们，认识世界的目的在于改变世界，同样学习的目的不在于学了多少知识，而在于你用所学知识做了多少贡献，教师进行思政课实践教学活动的设计也要以此为目的。学生在参与教师组织的实践活动时，不能单纯地老师说什么就做什么，而是要把自己所学的马克思主义理论的知识运用到实践活动中，做到学以致用，用所学的理论指导实践活动。作为思政课实践教学就是要锻炼学生学以致用的能力，在理论联系实际的基础上进行学习与生活。另一方面是学生在实践教学中的情感投入度。对情感态度价值观目标的考核主要是看学生在实践过程中所表现出的情感态度趋向是否符合马克思主义思想道德观，能否坚持以马克思主义的价值观，对实践活动中发现的问题做出正确的评价。学生进行思政课实践教学活动不能把它当为一种机械式的活动，应该在活动中投入自己的情感，把它作为自己的兴趣爱好进行。当学生在活动中遇到问题时，要根据自己所学的马克思主义理论知识分析问题，用相应的世界观指导自己的行为，把思政课学习的概念、原理、观点和方法应用到实际问题中，从而提出问题的解决方法。

第六章　大学生思政课实践教学成果举例

第一节 "思想道德修养与法律基础"课实践教学成果举例

一、《思想道德修养与法律基础》实践课程的目的、任务和评价

"思想道德修养与法律基础"课是中宣部、教育部规定的高校思想政治理论课程系列中的第一门课程，是面向大学生开设的高校思想政治理论课的必修课。课程以马克思主义为指导，以习近平新时代中国特色社会主义思想为价值取向，以正确的世界观、人生观、价值观和道德观、法制观教育为主要内容，把社会主义核心价值观贯穿教学的全过程。

课程综合运用马克思主义的基本立场、观点和方法，以正确的人生观、价值观、道德观和法制观教育为基本内容。通过理论学习和实践体验，对大学新生面临和关心的实际问题予以科学的有说服力的回答，以适应大学生成长成才的需要，帮助学生形成崇高的理想信念，弘扬伟大的爱国精神，确立科学的人生观和价值观，加强思想品德修养，增强学法、用法的自觉性，全面提高大学生的思想道德素质、行为修养和法律素养，培养良好的职业道德和职业素质，为高职各专业人才培养目标的实现以及学生可持续发展打下坚实的基础，为其逐渐成长为全面发展的社会主义事业的合格建设者和可靠接班人，奠定坚实的思想道德和法律修养的基础。本课程要求学生注重学习和掌握思想道德修养和法律修养的基本知识，注重联系实际，做到知行统一。

（一）实践课程的目标

实践教学是"思想道德修养与法律基础"课的重要教学环节之一，是思政课教学理论联系实际和"两个课堂、相得益彰"的教学规律必然要求。在教学中，把实践教学纳入整个教育改革，其目的是深化课堂理论教学，提高大学生实践能力，让大学生在实践中升华思想境界，铸造优良思想品德，在实践中学会做事，学会做人；学会运用马克思主义的立场和观点去分析实际问题，解决实际问题，从而提高认识能力、思辨能力和实践能力。具体来说，实践教学要

达到以下教学目标：

1.知识目标

（1）掌握人生观的内涵及人生的自我价值和社会价值的关系。

（2）掌握理想信念的含义。

（3）掌握中国精神的内涵及爱国主义的内涵。

（4）掌握社会主义核心价值观、社会主义道德准则以及中国特色社会主义法律体系。

2.能力目标

（1）培养大学生正确的世界观、人生观、价值观，创造有意义的人生。

（2）帮助学生树立以实现中国梦为个人的理想信念，做弘扬中国精神和社会主义核心价值观的践行者。

（3）帮助学生明辨是非善恶，养成良好的遵守社会公德的习惯，建立向上向善、知行合一的道德素养。

（4）帮助学生明确中国特色社会主义法律体系，增强法律意识，在生活实践中，能尊法守法用法。

3.素质拓展目标

（1）激发学生的爱国热情和民族自豪感，增强社会责任感。

（2）提高自身的思想道德素质和法律素质。

（3）培养学生的团队协作意识、吃苦耐劳和服务社会的精神。

（二）实践课程的任务

1.对参与调查的成员进行科学而严格的分工，做到"各尽其能、各扬其长、任务清晰、职责明确"。小组的形成以学生自愿组合为原则，人数6至8人为宜。

2.选题原则和要求：选题要体现时代特点和创新性，关注和捕捉那些新事实、新经验、新问题、新情况，新课题，选择不宜过大过宽，宜小题大做，并要考虑可行性；结合当地实际情况，要实事求是，不弄虚作假。

3.实践教学形式和要求：依据理论课教师教学计划，设计实践教学模块，探索以讲、演、诵、唱等形式开展实践课程分组教学，在实践课程实施前下发分组教学任务，学生利用课下时间和线上、线下资源完成好任务，并在实践课上统一展现。在实践课开展过程中，理论课教师与实践课教师相互配合，帮助各组同学完成好分组任务的开展，课程以学生为主体、教师为主导，任务教学为形式开展，已达到思政课知行合一的结果，实现立德树人的根本任务。

（三）实践课程的评价

本课程采取五级评分制：分优、良、中、合格及不合格五个等级。凡是学生从网上下载的文章，没有自己的观察和感受，视为不及格；凡是调研报告没有涉及自己调研单位具体实际状况的，不能评为成绩优秀。

二、《思想道德修养与法律基础》实践课程内容设计举例

（一）我们处在中国特色社会主义新时代

教学内容：绪论：我们处在中国特色社会主义新时代

授课时间：2课时

实践教学场所：天津现代职业技术学院 天津海河教育园区思想政治教育实践基地

教学目的：通过本节课的学习，学生能够了解中国特色社会主义进入新时代这一历史方位，新时代为大学生成长成才提供了广阔的舞台和无限的机遇。学生能够领悟时代新人要以民族复兴为己任，以有理想有担当为根本要求，通过提升自身的思想道德素质与法治素养成为中国特色社会主义事业的建设者和接班人。

教学重点：中国特色社会主义进入新时代"三个意味着"、"五个是"

教学难点：如何做有理想有本领有担当的时代新人

教学方法：①讲授法；②讨论法；③头脑风暴法

教学活动：①学生讲解；②宣誓；③教师引导

教学环节

教学环节	教学内容和任务	设计意图
	【课前布置任务】 1.什么是新时代? 2.中国当前社会主要矛盾是什么? 3.什么是中国梦? 4.怎样成为时代新人? 【教学过程】 一、我们处在中国特色社会主义新时代 1.新时代是我们理解当前所处历史方位的关键词	让学生进行分组探讨问题，充分调动学生的学习积极性，在红馆中进行讲解。

教学环节	教学内容和任务	设计意图
	（1）学生根据展板内容谈谈他们所认识的新时代	
	（2）教师进行总结，讲解新时代"三个意味"、"五个是"	
	2.新时代需要新思想的指导，新征程需要新理论的领航。	
	——习近平新时代中国特色社会主义思想	
	（1）"八个明确"	
	（2）"十四个坚持"	
	3.我国社会主要矛盾的变化	
	新中国成立以来我国社会主要矛盾的三次变化	
	八大——十一届六中全会——十九大	
	4."中国梦"	
	（1）经济板块	
	（2）生态板块	
	（3）强军板块	
	二、时代新人要以民族复兴为已任	
	1.学生活动：讲解怎样做时代新人	
	2.教师活动	
	（1）做有理想有本领有担当的时代新人	
	（2）要有崇高的理想信念，牢记使命，自信自励	
	（3）要有高强的本领才干，勤奋学习，全面发展	
	（4）要有天下兴亡、匹夫有责的担当精神，讲求奉献，实干进取。	
	3.学生活动：在宣誓台进行宣誓做时代新人	

课后反思：1.怎样让学生对红馆新时代新思想部分进行深化了解；2.让学生通过实践去理解如何做时代新人。

教学效果：加深了学生对于书本知识的理解，"进浸式"教学模式效果良好。

（二）在实现中国梦的实践中放飞青春理想

教学内容：第二章 坚定理想信念

第三节 在实现中国梦的实践中放飞青春理想

授课时间：2课时

实践教学场所：天津现代职业技术学院 天津海河教育园区思想政治教育实践基地

教学目的：通过教学让学生了解什么是中国梦、个人理想和国家梦想之间的关联，怎样实现个人理想和社会理想的统一，从而明白为什么中国梦是中华民族近代以来最伟大的梦想、引导学生自觉投身到实现中华民族伟大复兴中国梦的准备和实践中。

教学重点：①个人梦想和中国梦的联系；②怎样实现个人理想和社会理想的统一；③如何为实现中国梦注入青春能量。

教学难点：①个人梦想和中国梦的联系；②怎样实现个人理想和社会理想的统一；

教学方法：①讲授法；②体验式教学法；③分组教学法。

教学活动：①讲述自己的故事、阐述自己的理想；②分组参观红馆制定区域，搜集相关案例；③各组进行总结汇报；④老师进行点评分析。

教学环节：

教学环节	教学内容和任务	设计意图
	一、课前通过学习APP下发学习任务 1. 学生准备好讲述自己的故事、阐述自己的理想； 2. 思考你从小崇拜的偶像，他们的理想是什么？并说说自己受到的启发，做成PPT，以备课上展示。 二、教学过程 实践环节 （一）1. 学生回答：你儿时的理想和现在的理想是什么？ 学生通过对比，讲解理想的变化。 2. 教师进行总结，理想发生变化或者一致的原因。 （二）怎样实现个人理想和社会理想的统一 1. 与学生互动，讲解自己的理想并分享一个伟人的理想和实现的历程； 2. 提出问题，引发讨论，让学生在思考伟人在实现理想过程中的历程中，对理想和现实的关系以及怎样实现个人理想和社会理想的统一有初步的认知；	

教学环节	教学内容和任务	设计意图
	（三）如何为实现中国梦注入青春能量 1. 让学生分组带着问题在指定的时间内参观红馆内指定区域，找到你认为和"立志当高远"、"立志做大事"、"立志需躬行"相对应的人和事迹。 2. 各组分别汇报展示参观心得 三、课程总结提升 对本节内容通过以上实践环节的讲授和学生实践展示后，所有学生集中回到实训教室，由教师进行课程的总结和实践学习成果的检验和评价。	

课后反思：通过实践基地各个教学环节的"情浸式"教学模式，使学生在情绪的渲染、情感的激发过程中，实现思政理论课知识的内化，并表现出自觉的行为。

教学效果：通过学习，让学生们在新时代的精神引领下，时刻牢记每个人都是国家的一员，都是中国梦的参与者、书写者。当今时代是放飞梦想的时代，学生们要在新的伟大时代用自己的实际行动书写自己的青春梦想，用自己的拼搏和努力成就实现伟大中国梦的一份青春力量。

（三）中国精神是兴国强国之魂

教学内容：第三章　弘扬中国精神

　　　　　第一节　中国精神是兴国强国之魂

授课时间：2 课时

实践教学场所：天津现代职业技术学院 天津海河教育园区思想政治教育实践基地

教学目的：实现中华民族的伟大复兴的中国梦，必须弘扬中国精神。 通过教学帮助同学们理解热爱祖国是中华民族的优良传统，是中华民族生生不息、自立于世界民族之林的强大精神动力。在新的历史条件下，继承爱国主义的优良传统，弘扬民族精神和时代精神，"以热爱祖国为荣，以危害祖国为耻"，做一个坚定的爱国者，是对当代大学生的基本要求。

教学重点：①什么是中国精神；②爱国主义的科学内涵 ；③时代精神及其主要体现。

教学难点：①经济全球化条件下为什么要弘扬爱国主义精神；② 大学生如

何做改革创新的实践者。

教学方法：①多媒体教学；②讨论法；③问题式教学法；④启发式教学法等。

教学活动：①分组参观红馆指定区域，搜集相关案例；②各组进行总结汇报；③老师进行点评分析。

教学环节：

教学环节	教学内容和任务	设计意图
	环节1分组参观红色教育基地部分区域 教师：[情境教学] 透过红色教育基地看中国精神 学生：自由发言 环节2 教师：[视频播放]习近平：实现中国梦必须弘扬中国精神（红色实践教学基地内播放） 学生：自由发言 环节3 教师：[情境教学]课堂设问：什么是中国精神？在当代大学生如何弘扬中国精神？ 学生：自由发言 环节4 教师：[头脑风暴] 你认为能代表中国精神的事或者人物 学生：小组讨论、自由发言 环节5 教师：[情境教学] 以改革创新为核心的时代精神的事迹和人物典范 学生：小组讨论、自由发言、事迹表彰 环节6　成果分享 教师：[张贴板教学] 学生：做中学 环节7　总结反馈 教师：组织学生进行分组反馈 学生：分组进行汇报展示	

课后反思：通过实践基地各个教学环节的"情浸式"教学模式，使学生在情绪的渲染、情感的激发过程中，实现思政理论课知识的内化，并表现出自觉的行为。

教学效果：以先进教学理念为支撑，通过实践课的教学方法灵活多变，教学手段多样化，教学评价多元化，使学生明白综合国力不仅包括经济实力、科技实力、国防能力和军事力量等硬指标，也包括政治、文化、教育、精神状态等软因素。大力弘扬中国精神，既是增强综合国力的内在要求，也是激励广大人民积极投身到社会主义现代化建设中、提升综合国力的重要思想保证和精神支撑。

（四）爱国主义及其时代要求

教学内容：第三章　弘扬中国精神

　　　　　第二节　爱国主义及其时代要求

授课时间：2 课时

实践教学场所：天津现代职业技术学院 天津海河教育园区思想政治教育实践基地

教学目的：通过本节课的学习，学生能够了解中国特色社会主义进入新时代这一历史方位，新时代为大学生成长成才提供了广阔的舞台和无限的机遇。学生能够领悟时代新人要以民族复兴为己任，以有理想有担当为根本要求，通过提升自身的思想道德素质与法治素养成为中国特色社会主义事业的建设者和接班人。

教学重点：①中国特色社会主义进入新时代；②如何做有理想有本领有担当的时代新人

教学难点：如何做有理想有本领有担当的时代新人。

教学方法：①实践教学法；②头脑风暴法。

教学活动：①学生讲解；②宣誓；③教师引导。

教学环节：

教学环节	教学内容和任务	设计意图
	【课前布置任务】 1.什么是爱国主义的基本内涵？ 2.新时代爱国主义的要求是什么？ 3.怎样做忠诚的爱国者？ 【教学过程】 一、爱国主义的基本内涵 1.爱祖国的大好河山 红馆三层：我和我的祖国 近代以来，无数仁人志士为了民族复兴前赴后继，	让学生进行分组探讨问题，充分调动学生的学习积极性，在红馆中进行讲解。

教学环节	教学内容和任务	设计意图
	经过无数的奋斗，祖国终于迎来了从站起来、富起来、再到强起来的伟大变革。新时代的青年应与祖国时刻不能分离。 学生活动：利用场馆设备进行体验，感受祖国的美好 2.爱自己的骨肉同胞 红馆二层：中国共产党成立、发展、壮大及带领人民不挠不挠、浴血奋战，最终实现民族独立、人民解放、国家富强的道路。 （可选取不容内容讲解无数仁人志士为了国家所做出的努力，这是爱国的体现，要爱他们） 学生活动：在红馆中选取自己感兴趣的案例进行讲解 学生活动：通过学习，怎样爱自己的骨肉同胞 3.爱祖国的灿烂文化 红馆一层和三层：文化和核心价值观部分 学生活动：观看视频、表演情景剧等方式 4.爱自己的国家 学生活动：分组讨论怎样爱自己的国家 二、新时代的爱国主义 1.坚持爱国主义和社会主义相统一 2.维护祖国统一和民族团结 3.尊重和传承中华民族历史和文化 4.必须坚持立足民族又面向世界 学生活动：在宣誓台进行宣誓做时代新人	让学生进行分组探讨问题，充分调动学生的学习积极性，在红馆中进行讲解。

课后反思：让学生对红馆进行学习之后真正的触发爱国情怀

教学效果：加深了学生对于书本知识的理解，"进浸式"教学模式效果良好。

（五）让改革创新成为青春远航的动力

教学内容：第三章　弘扬中国精神

　　　　　第三节　让改革创新成为青春远航的动力

授课时间：2 课时

实践教学场所：天津现代职业技术学院 天津海河教育园区思想政治教育实践基地

教学目的：让学生深刻理解创新创造是中华民族的民族禀赋；如何做改革

创新的生力军

教学重点：改革创新是时代要求

教学难点：如何做改革创新生力军

教学方法：①任务驱动法；②情境教学法；③讨论式教学法；④云课堂学习平台；⑤多媒体教学；⑥案例式教学法

教学活动：①参观；②分组讨论③总结

教学环节：

教学环节	教学内容和任务	设计意图
课前准备	1. 在云课堂中发布本次实践课程的任务，做好本节课的预习。 2. 班级学生按自愿原则组成5-10人的活动小组，每个活动小组民主推选出1名小组负责人。并布置活动所需要重点发言的人员和其他成员任务分工。	实践课突出学生的主体地位，让同学们以小组为单位自主探索，并总结。利用红馆相关展板和设施，让同学们能够身临其境更直观的感受到中国的创新性成就。让改革成为青春远航的动力。最后由教师总结。
课上活动	3. 到红馆一楼老师指定的区域参观学习，自主探索。找寻创新相关的内容。（30分钟） 4. 以小组为单位讲述在红馆看到了哪些创新性成就，有哪些感想。地点：在宣誓台（30分钟） 5. 教师根据红馆内相关展板和设施总结。主要在高铁模型、墨子号模型等创新性成果进行讲述和总结。（30分钟）	
课后总结	本节主要内容：创新创造是中华民族最深沉的民族禀赋；改革创新是时代要求；做改革创新生力军。	

课后反思：1. 中国进入新时代后，改革创新在哪方面发挥作用？；2. 为什么说时代精神的核心是改革创新？

教学效果：生置身其中。视频、图片等可视化的信息资源，视觉化呈现场景，使学生增强理论认同感。对学习内容有更深的认知和把握。

（六）践行社会主义核心价值观

教学内容：第四章　践行社会主义核心价值观

授课时间：2课时

实践教学场所：天津现代职业技术学院 天津海河教育园区思想政治教育实践基地

教学目的：①使学生了解社会主义核心价值观的基本内容；②使学生了解"爱国"的重要内涵，激励学生在日常行为中贯彻爱国理念；③使学生了解"敬业"的深刻内涵，在弘扬工匠精神过程中践行"敬业"精神；④使学生了解"诚信"的深刻内涵，引导学生建立诚实守信的观念。

教学重点：①"爱国"的重要内涵；②"敬业"的深刻内涵；③"诚信"的深刻内涵；④社会主义核心价值观的基本内容。

教学难点：①"爱国"的重要内涵；②"敬业"的深刻内涵；③"诚信"的深刻内涵

教学方法：①实践教学；②ppt讲解

教学活动：组织学生讲演诵唱

教学环节：

教学环节	教学内容和任务	设计意图
课前预习	教师在上完本章理论课程后，分配学生实践教学任务。学生按照小组（4-6组）选择一项任务进行相应的准备。 1. 讲　利用基地内容或搜集到的相关故事讲解关于"爱国"、"敬业"、"诚信"的相关内容 2. 演　可选择相关内容进行情景剧的表演 3. 诵　朗诵：艾青《我爱这片土地》、王怀让《我骄傲，我是中国人》、舒婷《祖国啊，我亲爱的祖国》、短文学《诚信行天下》 4. 唱　《歌唱祖国》	使学生能够提前了解实践课程教学内容，进行相应的预习准备工作。
准备工作	1. 教师带领学生来到实践基地第三层"社会主义核心价值观"部分，进行实践授课。 2. 教师指出今天的授课内容：社会主义核心价值观的基本内容、爱国、敬业、诚信的重要内涵。	让学生了解实践课所进行的项目和内容。
讲 （45分钟）	1. 邀请承担"讲"任务的小组来给大家讲解爱国、诚信、敬业的故事。 2. 教师点评，进行补充。特别结合基地内容，讲授习近平总书记视察南开大学的重要讲话，南开爱国烈士事迹。 3. 结合传统美德部分讲解诚信的故事 4. 可与学生共同到四楼"大国工匠"部分讲解工匠敬业的故事。	通过教师和学生讲故事，讲红馆相关内容，使学生能够了解爱国、诚信、敬业的重要内涵。

教学环节	教学内容和任务	设计意图
演 （20分钟）	1. 邀请承担"演"任务的小组表演准备好的短剧 2. 学生、老师互评	通过学生亲身表演短剧使其把自身对核心价值观的理解表现出来，增强对核心价值观的理解。
诵 （10分钟）	1. 邀请承担"诵"任务的小组表演诗歌朗诵 2. 教师学生互评	通过学生朗诵诗歌的形式增强对社会主义核心价值观的理解。
唱 （10分钟）	1. 邀请承担"唱"任务的小组表演相关主题的歌曲。 2. 教师学生互评	通过学生演唱相关歌曲增强对社会主义核心价值观的理解。

课后反思：1. 红馆实践课堂应加强制度化，在红馆组织教学过程中，需要考虑场地、设备等多个因素，需要在工作人员的协调中进行，应针对红馆的实践课堂形成相关制度与规则；2. 平台学习应提升自主化，学生基于手机APP的平台学习，还需加强引导和监督。

教学效果：1. 课前预习，分组学习，提高了学生的理论课学习效率；2. 实践课堂使学生身临其境，引起他们的思索与共鸣，强化理想与信念，激发他们的奋斗热情；3. 增强学生学习思政课的热情，提高了思政课的吸引力。

（七）吸收借鉴优秀道德成果

教学内容：第五章　明大德守公德严私德

第二节　吸收借鉴优秀道德成果

（一）传承中华传统美德

授课时间：2 课时

实践教学场所：天津现代职业技术学院　天津海河教育园区思想政治教育实践基地

教学目的：①使学生能够了解中华传统美德的基本精神和中国传统文化的重要内容；②使学生能够认识到中华传统美德在新时代如何不断发展创新。

教学重点：①中华传统美德的基本精神和中国传统文化的重要内容；②习近平总书记的讲话用典。

教学难点：①中华传统内的的基本精神和中国传统文化的重要内容

教学方法：①实践教学；②ppt讲解

教学活动：组织学生讲演诵唱。

教学环节：

教学环节	教学内容和任务	设计意图
课前预习	教师在上完本章理论课程后，分配学生实践教学任务。学生按照小组（4-6组）选择一项任务进行相应的准备。 1. 讲　按照习近平总书记对中国传统文化和道德的讲话精神结合基地内的设备设施对中国传统美德进行阐释和解读；讲中国传统美德故事；讲古文美德经典。 2. 演　可选择相关内容进行情景剧的表演 3. 诵　朗诵：岳飞《满江红》、文天祥《正气歌》、《千字文》、《百家姓》 4. 唱　李昱和《中华孝道》	使学生能够提前了解实践课程教学内容，进行相应的预习准备工作。
准备工作	1. 教师带领学生来到实践基地第三层"中华传统美德"部分，进行实践授课。 2. 教师指出今天的授课内容：中华传统美德的基本精神和中华传统文化的主要内容。	让学生了解实践课所进行的项目和内容。
讲 （45分钟）	1. 教师讲授中华传统美德的内涵、基本精神，根据对习近平总书记关于传统美德的讲话精神结合基地内容进行解读。 2. 教师讲解"仁"的含义 3. 组织学生利用基地（民本部分）设施抢答问题 4. 邀请承担"讲"任务的小组来给大家讲解故事（诚信故事）。 5. 在"讲正气"部分，进行互动游戏问答，了解中国诗词中体现的正气精神。 6. 教师可结合自己所做课件结合基地展板讲解"尚和合"。 7. 教师结合"习近平用典"部分，讲授习近平总书记历次讲话中引用的中国古典名句，使学生能够了解其中的大部分内容和意义。	通过教师和学生讲故事，讲红馆相关内容，使学生能够了解中国传统美德和传统文化的重要内涵。
演 （20分钟）	1. 邀请承担"演"任务的小组表演准备好的短剧 2. 学生、老师互评	通过学生亲身表演短剧使其把自身对中国传统美德的理解表现出来，增强对中中国传统文化的理解。

教学环节	教学内容和任务	设计意图
诵 （10分钟）	1. 邀请承担"诵"任务的小组表演诗歌朗诵。朗诵：岳飞《满江红》、文天祥《正气歌》、《千字文》、《百家姓》 2. 教师学生互评	通过学生朗诵诗歌的形式增强对中国传统美德的理解。
唱 （10分钟）	1、邀请承担"唱"任务的小组表演相关主题的歌曲。 2. 教师学生互评	通过学生演唱相关歌曲增强对中国传统美德中"孝"的理解。

课后反思：1. 红馆实践课堂应加强制度化，在红馆组织教学过程中，需要考虑场地、设备等多个因素，需要在工作人员的协调中进行，应针对红馆的实践课堂形成相关制度与规则。2. 平台学习应提升自主化，学生基于手机APP的平台学习，还需加强引导和监督。

教学效果：1. 课前预习，分组学习，提高了学生的理论课学习效率；2. 实践课堂使学生身临其境，引起他们的思索与共鸣，强化理想与信念，激发他们的奋斗热情；3. 增强学生学习思政课的热情，提高了思政课的吸引力。

（八）发扬中国革命道德

教学内容：第五章　明大德守公德严私德

　　　　　第二节　吸收借鉴优秀道德成果

　　　　　（二）发扬中国革命道德

授课时间：2课时

实践教学场所：天津现代职业技术学院　天津海河教育园区思想政治教育实践基地

教学目的：①使学生能够了解中国革命道德的形成与发展的过程；②使学生能够了解中国革命道德主要内容

教学重点：①中国革命道德的重要内容；②中国革命道德的形成和发展过程。

教学难点：中国革命道德的主要内容

教学方法：①实践教学；②ppt讲解

教学活动：组织学生讲演诵唱

教学环节：

教学环节	教学内容和任务	设计意图
课前预习	教师在上完本章理论课程后，分配学生实践教学任务。学生按照小组（4-6组）选择一项任务进行相应的准备。 1. 讲 结合基地内的主要内容讲解中国革命道德的主要内容。 2. 演 可选择相关内容进行情景剧的表演 3. 诵 朗诵：夏明翰《就义诗》、方志敏《诗一首》、澎湃《起义歌》、刘伯坚《戴镣行》、恽代英《狱中诗》、叶挺《囚歌》 4. 唱 《英雄赞歌》、《红梅赞》	使学生能够提前了解实践课程教学内容，进行相应的预习准备工作。
准备工作	1. 教师带领学生来到实践基地第三层"中国革命道德"部分，进行实践授课。 2. 教师指出今天的授课内容：中国革命道德的主要内容。	让学生了解实践课所进行的项目和内容。
讲 （45分钟）	1. 教师讲授中国革命道德的内涵、中国革命道德的形成和发展过程。 2. 结合雕塑由学生讲解为社会主义和共产主义理想而奋斗的人物事迹。（可结合"诵"部分进行诗歌朗诵） 3. 讲"全心全意为人民服务"雷锋、焦裕禄、张思德的故事 4. 讲"始终把革命利益放在首位"的人物故事"熊瑾玎、魏春波、陈为人、曾志、唐义贞"。 5. 师生讲"延安新风"。 6. 由学生结合基地内容讲述周总理修身自律的故事。	通过教师和学生讲故事，讲红馆相关内容，使学生能够了解中国革命道德基本内涵，和主要内容。
演 （20分钟）	1. 邀请承担"演"任务的小组表演准备好的短剧 2. 学生、老师互评	通过学生亲身表演短剧使其把自身对中国革命道德的理解表现出来，增强对中国革命道德的理解。
诵 （10分钟）	1. 在"讲"环节，可配合相关内容朗诵相关革命烈士的革命诗歌。 2. 可在朗读亭内选择革命家书和诗词进行朗读。 3. 教师学生互评	通过学生朗诵诗歌的形式增强对中国革命道德的理解。
唱 （10分钟）	1. 邀请承担"唱"任务的小组表演相关主题的歌曲。《英雄赞歌》、《红梅赞》 2. 教师学生互评	通过学生演唱相关歌曲增强对中国革命道德的理解。

课后反思：1. 红馆实践课堂应加强制度化，在红馆组织教学过程中，需要考虑场地、设备等多个因素，需要在工作人员的协调中进行，应针对红馆的实践课堂形成相关制度与规则；2. 平台学习应提升自主化，学生基于手机APP的平台学习，还需加强引导和监督。

教学效果：1. 课前预习，分组学习，提高了学生的理论课学习效率；2. 实践课堂使学生身临其境，引起他们的思索与共鸣，强化理想与信念，激发他们的奋斗热情；3. 增强学生学习思政课的热情，提高了思政课的吸引力。

（九） 尊法学法守法用法

教学内容：第六章 尊法学法守法用法

授课时间：2 课时

实践教学场所：天津现代职业技术学院 天津海河教育园区思想政治教育实践基地

教学目的：①使学生能够了解中国法律的起源以及法律的内涵；②使学生能够了解我国社会主义法律的运行中国特色；③使学生能够了解以宪法为核心的中国特色社会主义法律体系；④使学生能够知道宪法赋予公民的权利和义务；⑤通过案例学习，使学生以案为警，增强守法和用法观念。

教学重点：①法律的起源和法律的含义；②宪法赋予公民的权利和义务；③增强守法观念，在日常生活中能够用法律维护自己的权益。

教学难点：①法律的起源和法律的含义；②增强守法观念，在日常生活中能够用法律维护自己的权益。

教学方法：①实践教学；②ppt讲解

教学活动：组织学生讲演诵唱

教学环节：

教学环节	教学内容和任务	设计意图
课前预习	教师在上完本章理论课程后，分配学生实践教学任务。学生按照小组（4-6组）选择一项任务进行相应的准备。 1、讲 结合基地内的主要内容讲解法律的起源和法律的含义。 2、演 可选择相关内容进行情景剧的表演 3、诵 朗诵：宪法誓词 4、唱 《法治》、《红绿灯》	使学生能够提前了解实践课程教学内容，进行相应的预习准备工作。

教学环节	教学内容和任务	设计意图
准备工作	1. 教师带领学生来到实践基地第三层"法治"部分，进行实践授课。 2. 教师指出今天的授课内容：中国法律的起源以及法律的内涵 3. 我国社会主义法律的运行中国特色、以宪法为核心的中国特色社会主义法律体系、宪法赋予公民的权利和义务、案例学习，使学生以案为警，增强守法和用法观念。	让学生了解实践课所进行的项目和内容。
讲 （45分钟）	1. 教师讲授法律的起源和中国社会主义法律运行的机制。 2. 宪法的权利和义务 3. 以宪法为核心的中国特色社会主义法律体系 4. 宪法所规定的公民的基本权利和基本义务 5. 中国特色社会主义法治体系的构成 6. 在"以案为警"和"用法维权"两部分案例讲解（可根据时间进行选择）	通过教师和学生讲故事，讲红馆相关内容，使学生能够了解中国法律的起源内涵等内容
演 （20分钟）	1. 邀请承担"演"任务的小组表演准备好的短剧。（法治短剧） 2. 学生、老师互评	通过学生亲身表演短剧使其把自身对尊法守法的理解表现出来
诵 （10分钟）	1. 在宪法宣誓墙进行宪法宣誓和守法宣誓 2. 法治诗歌朗诵 https://wenku.baidu.com/view/00d383301fb91a37f111f18583d049649b660ebf.html 3. 教师学生互评	通过学生宣誓朗诵诗歌的形式增强对法治的理解和遵守。
唱 （10分钟）	1. 邀请承担"唱"任务的小组表演相关主题的歌曲。《法治》、《红绿灯》 2. 教师学生互评	通过学生演唱相关歌曲增强对法治理解。

课后反思：1. 红馆实践课堂应加强制度化，在红馆组织教学过程中，需要考虑场地、设备等多个因素，需要在工作人员的协调中进行，应针对红馆的实践课堂形成相关制度与规则；2. 平台学习应提升自主化，学生基于手机APP的平台学习，还需加强引导和监督。

教学效果：1. 课前预习，分组学习，提高了学生的理论课学习效率；2. 实践课堂使学生身临其境，引起他们的思索与共鸣，强化理想与信念，激发他们的奋斗热情；3. 增强学生学习思政课的热情，提高了思政课的吸引力。

三、《思想道德修养与法律基础》实践教学成果举例

（一）"践行社会主义核心价值观"实践教学方案举例

一、实践教学基本情况

教学内容：《思想道德修养与法律基础》第四章　践行社会主义核心价值观

教学时间：2课时

教学模式："讲、演、诵、唱式"实践教学模式

教学手段：分组式教学

教学对象：学生

教学地点：天津海河教育园区思想政治教育实践基地

二、实践教学目的和意义

通过思想政治教育实践基地现有思想政治理论课模块化教学内容进行以学生为主体的分组教学，运用各种教学资源为学生创设课堂情境，通过小组之间的交流互动和竞争协作等活动，增加学生主体性的参与度，使学生在"讲、演、诵、唱"活动中迅速掌握理论知识，获得了学习成就感，更好的掌握和理解了教学内容，增强思政课的思想性、理论性和亲和力、针对性。

三、实践教学目标

通过实践教学使学生了解社会主义核心价值观的基本内容、"爱国"的重要内涵、"敬业"和"诚信"的深刻内涵，激励学生在日常行为中贯彻爱国理念，在弘扬工匠精神过程中践行"敬业"精神，引导学生建立诚实守信的观念。

四、实践教学设计

课前准备：

1. 选题要求

（1）讲　利用基地内容或搜集到的相关故事讲解关于"爱国"、"敬业"、"诚信"的相关内容。

（2）演　可选择相关内容进行情景剧的表演。

（3）诵　朗诵：艾青《我爱这片土地》、王怀让《我骄傲，我是中国人》、舒婷《祖国啊，我亲爱的祖国》、短文学《诚信行天下》。

（4）唱　《歌唱祖国》。

2. 分组

（1）班级分组。将各教学班学生分为若干小组（每小组以4~6人为宜），组长负责本组的实践活动组织及等级评定（最终评定成绩，检查日志，督促工作等）。

（2）小组成员分工。①在参与讨论、资料搜集及成果制作等阶段，小组成员之间要分工明确，注意团结合作，发挥团队精神。②本活动各组根据选择的任务分别做成果展示。③活动结束后，各组成员结合本班各组的研讨情况对每位小组成员进行评分，由每组组长汇总出每个小组成员的成绩。

（3）成绩管理。成绩组成：出勤成绩10分；小组等级评定±5分；小组互评40

分：教师评定50分。成绩评定：由教师与学生共同参与实践活动的成绩评定。成绩记录：由教师负成绩的记录与登统。

（4）实践活动日志填写。学生根据实践活动进度，每天按时填写实践活动日志。

（5）日志交报。实践课程结束后，组长把成绩总结好填到日志上，由课代表或班长于实践活动结束后交给任课老师。

3. 实践活动参考资料

1、我们要在全社会大力弘扬和践行社会主义核心价值观，使之像空气一样无处不在、无时不有，成为全体人民的共同价值追求，成为我们生而为中国人的独特精神支柱，成为百姓日用而不觉的行为准则。要号召全社会行动起来，通过教育引导、舆论宣传、文化熏陶、实践养成、制度保障等，使社会主义核心价值观内化为人们的精神追求、外化为人们的自觉行动。——习近平在文艺工作座谈会上发表重要讲话（2014年10月15日）

2、扣好人生第一粒扣子

青年的价值取向决定了未来整个社会的价值取向，而青年又处在价值观形成和确立的时期，抓好这一时期的价值观养成十分重要。这就像穿衣服扣扣子一样，如果第一粒扣子扣错了，剩余的扣子都会扣错。人生的扣子从一开始就要扣好。——习近平总书记在北京大学师生座谈会上的讲话。（2014年5月4日）

3、爱国

（1）爱国，是人世间最深层、最持久的情感。

（2）爱国，是人世间最深层、最持久的情感，是一个人立德之源、立功之本。孙中山先生说，做人最大的事情，"就是要知道怎么样爱国"。我们常讲，做人要有气节、要有人格。气节也好，人格也好，爱国是第一位的。我们是中华儿女，要了解中华民族历史，秉承中华文化基因，有民族自豪感和文化自信心。——2018年5月2日，习近平总书记在北京大学师生座谈会上的讲话

（3）爱国奋斗，百年南开

①2019年1月17日上午，习近平总书记来到天津考察调研。在南开大学，他参观了百年南开校史主题展览，与部分院士专家和中青年教师代表互动交流，察看了化学学院和元素有机化学国家重点实验室，详细了解南开大学历史沿革、学科建设、人才队伍、科研创新等情况。

②习近平对大家说，爱国主义是中华民族的民族心、民族魂。南开大学具有光荣的爱国主义传统，这是南开的魂。当年开办南开大学，就是为了中华民族站起来去培养人才的。我们现在迎来了从站起来、富起来到强起来的阶段，我们要把学习的具体目标同民族复兴的宏大目标结合起来，为之而奋斗。只有把小我融入大我，才会有海一样的胸怀，山一样的崇高。希望你们脚踏实地，在新的起点作出你们这一代人的历史贡献，成为南开大学新的骄傲。

③习近平总书记给南开大学8名新入伍大学生的回信阿斯哈尔·努尔太等同学

你们好！我看了来信，得知你们怀揣着从军报国的理想，暂别校园、投身军营，你们的这种志向和激情，让我感到很欣慰。

自古以来，我国文人志士多有投笔从戎的家国情怀。抗战时期，许多南开学子就

主动奔赴沙场，用鲜血和生命诠释了爱国、奉献的精神内涵。如今，你们响应祖国召唤参军入伍，把爱国之心化为报国之行，为广大有志青年树立了新的榜样。

希望你们珍惜身穿戎装的机会，把热血挥洒在实现强军梦的伟大实践之中，在军队这个大舞台上施展才华，在军营这个大熔炉里淬炼成钢，书写绚烂、无悔的青春篇章。

习近平

2017年9月23日

④南开学校系因国难而产生，故其办学目的旨在痛矫时弊，育才救国。

——张伯苓

⑤"南开校父"严修

⑥南开创校校长张伯苓

⑦生今日中国少年之一部分也。

勉之勉之，勿志为达官贵人，而志为爱国志士。——严修

为国家办教育，办以国家为最高目的教育。——张伯苓

⑧周恩来，这是一个光荣的名字、不朽的名字。每当我们提起这个名字就感到很温暖、很自豪。

在他青少年时期，由于西方列强入侵和封建统治腐败，中国正处于内忧外患之中，社会危机空前深重，人民命运十分悲惨。面对国家危难和人民困苦，周恩来同志决心"为了中华之崛起"而读书，誓言"险夷不变应尝胆，道义争担敢息肩"，立下"面壁十年图破壁"的远大志向。

周恩来同志和他那一代杰出中国共产党人一样，深入思索，挺起脊梁，苦苦探求救国救民的真理和道路。他投身五四爱国运动，开始接触马克思列宁主义，随后远赴欧洲勤工俭学，通过反复比较，确立了共产主义信仰。——习近平总书记在纪念周恩来同志诞辰120周年座谈会上的讲话（2018年3月1日）

⑨1934年10月，南开学生在第十八届华北运动会上用布旗组成爱国标语。

⑩被日军炸毁的南开校园。

⑪敌人此次袭炸南开，被毁者南开之物质，而南开之精神，将因此挫折而愈益奋励。——张伯苓

⑫于方舟（1900—1928）于方舟原名于兰渚，1922年秋，化名于绍舜考入南开大学文科。于方舟是天津五四运动杰出的领导者之一，倡导组织了"新生社"，并创办《新生》杂志。1920年1月，因要求释放爱国人士而被捕入狱，与周恩来等一起同敌人进行了半年铁窗斗争。1920年秋，在李大钊的指导下，将"新生社"改组为"马克思主义研究会"，后改为"天津共产主义青年团"，于方舟、陈镜湖是天津共产主义青年团的主要创始人。1923年于方舟经李大钊介绍加入中国共产党，是天津党组织的创始人之一。五卅运动中，于方舟领导了天津工人罢工斗争。

1927年大革命失败后，于方舟以中共顺直省委组织部长身份领导了冀东第二次玉田暴动。10月底暴动失败，不幸被俘。1928年1月14日夜晚，于方舟等4位同志高呼着"打倒帝国主义""打倒军阀""打倒国民党反动派""共产党万岁"等口号英勇就义，年仅27岁（爱国文件夹图片10文字）。

⑬马骏（1895-1928）马骏，又名天安，字通泉，号淮台。吉林省宁安县人（今属黑龙江省），回族。1919年9月，马骏从南开中学毕业，进入南开大学。同时，马骏和周恩来、郭隆真、邓颖超等20位男女青年成立了革命团体———"觉悟社"，并出版《觉悟》杂志。1921年7月入党，成为天津的第一批共产党员之一。1922年在哈尔滨组织了"救国唤醒团"，开展反帝爱国宣传，建立吉林省第一个党小组。1925年9月，党组织派马骏赴苏联莫斯科中山大学学习。1927年夏天，回国，重建和恢复了北京市各级党的组织，任中共北京市委书记兼组织部长。1927年12月，由于叛徒出卖，马骏被捕，在狱中他威武不屈，同敌人进行了英勇顽强的斗争，受尽折磨。1928年2月15日，军阀张作霖命令军事总长何丰林在北京杀害马骏，时年仅33岁。1945年，党的七大确定马骏为革命烈士。新中国成立后，党和政府为马骏举行了公祭仪式。

⑭陈镜湖（1901-1933）陈镜湖，字印潭，号小秋。化名李铁然。辽宁省建平县人。1919年五四运动爆发后，陈镜湖参加了直隶一中的"学生救国团"，积极投入反帝反封建的爱国运动。是天津共产主义青年团的主要创始人之一。1922年8月，陈镜湖考入南开大学文学院。1923年，经李大钊介绍，陈镜湖与于方舟等同志一起加入中国共产党，是中共早期党员，辽宁省第一个共产党员。1931年九一八事变后，陈镜湖领导热察绥地区的抗日救亡工作。1933年初，陈镜湖奉党的指示，到张家口以抗日同盟军参议的身份，参加冯玉祥领导的察哈尔省抗日同盟军的筹备工作，5月12日在去张北县点验抗日武装途中，陈镜湖遭到当地反动民团袭击，不幸牺牲，年仅32岁。1983年1月7日，辽宁省人民政府正式追认陈镜湖同志为革命烈士。

⑮何懋勋（1917-1938）何懋勋又名何方，江苏扬州人。1935年考入南开大学经济系。他积极参加一二·九爱国学生运动，并加入"中华民族解放先锋队"。抗战爆发后，进入长沙临时大学读书，继续开展多种形式的抗日宣传活动。1937年11月，响应中国共产党的号召，投笔从戎，北上抗日。1938年3月经武汉八路军办事处介绍，赴鲁西北抗日根据地参加抗日救亡工作，任青年抗日挺进大队参谋长。1938年8月，鲁西北抗日武装为配合保卫大武汉，组织了济南战役，8月28日何懋勋奉命率青年抗日挺进大队进驻齐河坡赵庄，遭到日伪军四五百人的突然袭击，在血战中，因寡不敌众，何懋勋英勇牺牲，时年21岁。1995年12月1日，昆明师范学院在西南联大旧址立烈士纪念碑，纪念碑基座上携刻着为人民解放、国家富强而献身的27位英烈名录，列在第一位的即是何懋勋。

⑯倪民有（1922-1950）倪民有，江苏省睢宁县人。1942年入昆明西南联大化工系。1944学年度下学期，倪民有响应国民政府号召志愿从军，他的名字刻在了西南联合大学纪念碑从军学生名录中。抗战胜利后，倪民有于1946年11月复学，入南开大学工学院化工系4年级，1948年毕业，在无锡的一所中学任教。

1949年无锡解放后，倪民有再次投笔从戎，加入西南服务团，被编在川南支队二大队四中队，当年10月初，随第二野战军进军大西南。1949年底川南支队到达内江，倪民有被分配到内江县史家区一个乡，任征粮工作组组长。1950年2月3日倪民有被任命为内江县人民政府税务局东兴税务所所长。1950年2月4日早晨，带领一名随行人员奔向十多里外糖厂，查实产量。在返回途中，突遭一股匪徒的袭击，因匪徒人多被俘，遭严刑拷打，被土匪用枪射击头部，英勇牺牲，时年28岁。

⑰郭永怀 （1909—1968） 郭永怀，山东荣成人，著名力学家、应用数学家、空气动力学家，中国科学院学部委员，近代力学事业的奠基人之一，为发展导弹、核弹与卫星事业作出了重要贡献。

1929年9月，郭永怀考入南开大学预科班，1931年夏，从预科班毕业转入本科学习，物理学专业，从预科到本科。1933年考入北京大学物理系。1938年夏，与钱伟长、林家翘等到加拿大多伦多大学应用数学系学习，1945年获得美国加利福尼亚州立理工学院博士学位。1956年国庆节的前一天，郭永怀冲破美国政府的阻挠，携全家回到祖国，受到了党和政府及科技界的热烈欢迎。

回国后，郭永怀任中国科学院刚组建的力学研究所副所长，和钱学森、钱伟长一起投身于力学研究所的科技领导工作。1961年7月，加入了中国共产党。1963年，郭永怀迁往在青海新建的核武器研制基地。1964年10月和翌年5月，我国第一、第二枚原子弹先后爆炸试验成功。1965年以后，郭永怀在参与氢弹研制的同时，又参加了人造卫星的设计。

1968年12月5日，郭永怀从青海试验基地赴北京汇报。飞机降落时发生坠毁事故，他不幸遇难，时年59岁。当人们辩认出郭永怀的遗体时，他往常一直穿在身上的那件夹克服已烧焦了大半，和警卫员牟方东紧紧地拥抱在一起，当人们费力地将他俩分开时，才发现郭永怀的那只装有绝密资料的公文包安然无损地夹在他们胸前。22天后———1968年12月25日，中国第一颗热核导弹试验获得成功，同日，中央授予他烈士称号。1999年被授予"两弹一星荣誉勋章"，是该群体中唯一一位被授予"烈士"称号的科学家。

3.要点提示

要求学生在课堂上展示讲解、表演、朗诵和唱歌的任务的同时，组织相互交流、教师点评，这样有利于师生互动，教学相长，增强教学效果。

4. 分析思考

通过"讲、演、诵、唱"中，让思政课学习"乐起来"。综合运用信息化技术手段为学生进行精准推送，让学生带着问题来上课，带着兴趣来听课，激发了学生的学习热情。信息化手段的运用，使学生可以更快捷更方便的获取信息、共享资源，促使学生自主学习、协作探究和教学互动，突破了以往课堂教学的空间限制和手段限制，内容直观具体，知识容量增大，课堂效率提高。通过小组之间的交流互动和竞争协作等活动，增加学生参与度，使学生迅速掌握自己和其他同学的学习情况，获得了学习成就感，更好的掌握和理解了教学内容，在"讲、演、诵、唱"中，让思政课学习"乐起来"。通过这个过程，使学生加深对"思想道德修养与法律基础"课中基本原理和基本方法的理解，提高分析解决实际问题和沟通协作的能力。

进入实践环节：

1.成果展示前准备

（1）确定展示顺序。成果展示前，各组选派一名代表抽签决定各组展示的顺序。并从班里选取一名学生进行计时。各组按照规定时间进行展示：讲（25分钟）、演（20分钟）、诵（10分钟）、唱（10分钟）。不得超时，超时相应扣分。

（2）各组成员认证听取其他小组的讲解，对展示小组的展示成果进行提问，并对展示小组做出客观、公平的评价。

2.课程成果展示

除主要展示人员外，每组选派1名辅助发言人。辅助发言人分别就作品的设计和知识点进行描述讲解，并结合主题，谈通过活动形成的认识和感受。辅助发言人的发言时间为5分钟。

3.成果展示总结

实践成果展示是对整个实践活动的总结，帮助组学生归纳汇总整个实践的过程，提升"爱国""敬业"和"诚信"的认知和正确导向。成果展示采取师生共同参与的形式，当其中一组进行展示时，由其他各组对战士族进行客观的评分及质问。共同参与有助于对整个时间按活动形式客观描述。实践活动成果展示总结主要围绕以下几个方面展开。

（1）各小组的展示成果。

（2）各小组开展的团队配合能力和表达能力。

（二）实践考核评价

建立客观、合理的考评体系是检验思想政治理论课实践教学效果的重要组成部分，也是确保思想政治理论课实践教学时效性的重要保证，并且能为进一步提升思政实践教学的教学质量，进一步进行教学改革和创新提供保障。

1.考核评价原则

（1）学生评价与教师评价相结合的考核方式。其中成果展示采用学生组间互评的方式，过程评分中，学生之间的互评研讨采用教师评分方式，由教师对各组总体的表现技术面成果进行评价。最后各小组根据学生在活动中的组织能力、合作能力及贡献大小推举一名实践之星。

（2）合作创新与理性思考相结合的考核方式。思想政治理论课实践教学考核不能只单纯注意考核结果，更要注意对学生在实践活动过程中表现出来的理想、信念、智慧、能力等做出总和测评。对学生的考核，注重对理论的认识，注重协调和改善人际关系，处理好人与社会、人与自然的关系，树立科学的世界观、人生观、价值观的能力以及语言表达能力。

2.评价指标

（1）成绩构成。采用过程与结果相结合的评价方法。其中成果展示的结果评分占40分，过程评分占60分。过程评分中全面参与总过程的出勤成绩占总成绩的10分，文字材料成绩占总成绩的50分。

（2）成绩评定。出勤成绩：全勤为满分10分，缺勤一次扣除5分，缺勤达三次以上，该门课程不得参加考核，需进行重修。文字材料构成：根据各组整理材料的理论深度和规范程度进行打分。成果展示成绩：取各小组的平均分作为成果展示最终成绩。

（3）成绩展现形式。最终成绩不显示具体的分数，采取等级评定的方式。其中90-100分为优秀等次；80-89分为良好等次；60-70分为合格等次；低于60分的为不合格等次。另外教师需根据组长对组员的等级评定±5分，形成学生的最终成绩。

第二节 "毛泽东思想和中国特色社会主义理论体系概论"课实践教学成果举例

一、《毛泽东思想和中国特色社会主义理论体系概论》实践课程的目的、任务和评价

"毛泽东思想和中国特色社会主义理论体系概论"课的主要任务和目的，是使学生弄懂为什么马克思主义要中国化，什么是中国化的马克思主义。了解和掌握毛泽东思想、邓小平理论和"三个代表"重要思想及科学发展观形成、发展与确立的历史过程及其科学体系、精神实质，帮助学生树立正确的世界观、人生观和价值观，增强学生执行党的基本路线和基本纲领的自觉性和坚定性，成为推进改革开放和社会主义现代化建设的接班人。让大学生深入社会实践进行调查，有利于增强学生对有中国特色社会主义道路的认识；让大学生深入社会实践进行调查，有利于加深学生对党的路线、方针和政策正确性的理解；让大学生深入社会实践进行调查，有利于提高教学效果。通过生动活泼的社会实践活动，为学生学习《毛泽东思想和中国特色社会主义理论体系概论》提供十分重要的感性知识，最终达到进头脑的效果。

（一）实践教学目标

"概论"课的实践教学是通过马克思主义中国化理论成果和实践成果建立大学生对中国特色社会主义道路、理论、制度和文化的自信。在实际中，深刻认识到中国特色社会主义道路选择的必然性。使大学生深入社会，了解国情、民情，培养爱党、爱国品质，树立马克思主义和中国特色社会主义信念，成为社会主义事业合格建设者和可靠接班人。具体来说，实践教学要达到以下教学目标：

1.知识目标

（1）理解马克思主义中国化的精神实质。

（2）掌握毛泽东思想、邓小平理论、"三个代表"重要思想、科学发展观及习近平新时代中国特色社会主义思想形成的时代背景、实践基础、主要内容、历史地位和指导意义。

（3）掌握马克思主义的基本立场、观点、方法与中国社会主义建设中的具体实际的结合。

（4）了解党的基本理论、基本路线、基本纲领和基本经验。

（5）掌握新时代中国特色社会主义的发展战略。

2.能力目标

（1）培养学生运用马克思主义的立场、观点和方法认识问题、分析问题和解决问题的能力。

（2）在错综复杂的现实和各种风浪考验面前，增强辨别是非、抵制各种不良思想影响的能力。

（3）增强贯彻党的基本理论、基本路线、基本纲领和基本经验以及各项方针政策的能力。

（4）通过参与社会实践活动，培养综合运用政治理论的研究性学习能力。

3.素质拓展目标

（1）确立科学社会主义信仰和建设中国特色社会主义的共同理想，培养良好的思想政治素质。

（2）系统掌握中国化马克思主义基本理论和精神实质，提高科学文化素质。

（3）了解中国特色社会主义建设历程，吸取经验和教训，提高报效祖国、服务人民的实践素质。

（二）实践课程的任务

1.对参与调查的成员进行科学而严格的分工，做到"各尽其能、各扬其长、任务清晰、职责明确"。小组的形成以学生自愿组合为原则，人数6至8人为宜。

2.选题原则和要求：选题要体现时代特点和创新性，关注和捕捉那些新事实、新经验、新问题、新情况，新课题，选择不宜过大过宽，宜小题大做，并要考虑可行性；结合当地实际情况，要实事求是，不弄虚作假。

3.实践教学形式和要求：老师要求每组学生选取某一方面问题，写一份调查报告。调查报告是这样完成的：在开课之前，在老师的指导下，学生首先选定调查报告题目，撰写调查提纲，利用课余时间和节假日进行调查。充分利用学生和家长的资源优势，指导学生深入到社会各行各业内部对自己感兴趣的问题进行社会调查。

（三）实践课程的评价

本课程采取五级评分制：分优、良、中、合格及不合格五个等级。凡是学生从网上下载的文章，没有自己的观察和感受，视为不及格；凡是调研报告没有涉及自己调研单位具体实际状况的，不能评为成绩优秀。

二、《毛泽东思想和中国特色社会主义理论体系概论》实践课程内容设计举例

（一）毛泽东思想及其历史地位

教学内容：第一章　毛泽东思想及其历史地位

授课时间：2 课时

实践教学场所：天津现代职业技术学院 天津海河教育园区思想政治教育实践基地

教学目的：①知识目标：面对中国近代以来山河破碎、内忧外患的深重灾难，让学生了解以毛泽东为主要代表的中国共产党人，胸怀远大理想，脚踏中国大地，开马克思主义中国化之先河，创立毛泽东思想，在黑暗的中国高高擎起熊熊燃烧的火炬，引领中华民族伟大复兴以江河奔涌之势一路向前，让沉睡百年的"东方雄狮"站起来。②能力目标：深刻体会毛泽东思想作为马克思主义中国化的第一个重大理论成果，至今依然闪耀着真理光芒。③素质目标：激发学习热情。

教学重点：通过让学生了解实践教学基地二楼"沿红路、寻初心"模块的内容，了解毛泽东思想的形成过程，深刻领会毛泽东思想是马列主义与中国革命实际情况相结合的第一个重大理论成果。

教学难点：不局限于书本上的理论知识，结合实践教学基地的实际内容拓展知识，体验中国革命的艰难历程，深刻领会毛泽东思想活的灵魂——实事求是的重要意义。

教学方法：①实践教学为主；②理论学习为辅。

教学环节：

教学环节	教学内容和任务	设计意图
1. 开天辟地（建党伟业） 2. 星星之火（建军大业） 3. 浴血荣光（民族大业） 开国奠基（建国大业）	第一章毛泽东思想及其历史地位 第一节 毛泽东思想的形成和发展 1. 开天辟地（建党伟业）了解毛泽东思想形成发展的历史条件 （1）五四运动： 回顾五四运动产生的背景：十月革命、巴黎和会 提问：五四运动期间天津学生的表现怎样？ （2）中国共产党成立： 教师讲解：中共一大召开的历史背景 熟悉"红船精神"的内容：集体诵读 2. 星星之火（建军大业）了解毛泽东思想的形成 （1）利用多媒体播放《建军大业》视频片段，让学生深刻领会"农村包围城市，武装夺取政权"的思想毛泽东在长期的革命实践中总结出的适合中国实际情况的革命道路和革命方法，从而能进一步理解毛泽东思想是马列主义与中国革命具体实际相结合的第一个理论成果。 （2）了解遵义会议前中国革命的艰苦历程，进一步理解毛泽东思想形成的重要条件：长期的革命实践 （3）在井冈山会师展板前让学生详细了解这段史实，理解中国革命的第一个农村革命根据地建立的重要意义 3. 浴血荣光（民族大业）了解毛泽东思想的成熟 "大革命"、南昌起义、八七会议、秋收起义、广州起义……长征、"井冈山会师"、抗日烽火，了解毛泽东思想是适合中国实际情况的革命理论。 学生体验：触屏了解抗日战争年代的事件 4. 开国奠基（建国大业）了解毛泽东思想的继续发展 教师讲解典型事件：六届六中全会，理解毛泽东思想是马克思主义中国化的第一个理论成果。 金汤桥会师：解放天津的会师地 承载百余年历史的金汤桥	1. 在"五四风雷"板块前让学生喊口号，感受当时的氛围 2. 学生活动：讲讲周恩来和邓颖超的故事 3. 学生活动：朗读中共一大的革命纲领 4. 小组讨论：毛泽东思想是马列主义与中国实际相结合的结果 5. 学生活动：讲述长征的时间、路线以及小故事 6. 学生诗歌朗诵：延安颂 7. 学生VR体验 8. 学生活动：朗诵毛主席诗词《七律·人民解放军占领南京》

课后反思：实践教学是初步尝试，教学过程中还存在不完善、不严谨的地

方和环节，还需在今后的实践教学中不断总结和改进，以期达到更好的实际教学效果。

教学效果：通过以视（观看视频）、听（聆听讲解）、说（讨论话题）、唱（诗朗诵）、读（课前查阅文章、材料）为实践教学的环节，使学生真正学懂毛泽东思想是马克思主义中国化的第一个理论成果。调动学习热情，让科学理论进课堂、进头脑，从而达到学生学习中理论与实践相统一的效果。

（二）新民主主义革命理论形成的依据

教学内容：第二章　新民主主义革命理论

　　　　　第一节　新民主主义革命理论形成的依据

授课时间：2学时

实践教学场所：天津现代职业技术学院 天津海河教育园区思想政治教育实践基地教学目的：教学目的：①知识目标：新民主主义革命理论形成的时代特征；②能力目标：我国新民主主义理论产生的历史必然性；③素质目标：树立走中国特色社会主义道路的坚定信念，增强四个自信，做政治合格的时代新人。

教学重点：①新民主主义革命理论形成国情；②中国革命的时代特征；③新民主主义革命理论的实践基础。

教学难点：新民主主义革命理论形成的历史必然性。

教学方法：头脑风暴教学法、任务驱动法、体验式教学法、网络平台拓展法

教学活动：展馆参观体验、合作探讨、诗歌朗诵互动、教师讲解引导

教学环节：

教学环节	教学内容和任务	设计意图
1. 通过超星平台布置分组预习作业：包括毛泽东的理论著作、搜集毛泽东诗词。	一、教师讲述基地"沿红路·寻初心"模块下内容，学生体验新民主主义革命的艰辛历程，感受毛主席的的丰功伟绩。（10分钟） 二、1921年党的一大召开与中国的革命道路。（20分钟） （一）学生搜集展示建党前各个殖民地国家在天津的建筑。	1. 引导学生通过天津旧貌了解旧中国的国情，从而感知中国新民主主义革命的对象、动力和前途。 2. 从天津的共产主义运动感知新民主主义革命的实践基础。

教学环节	教学内容和任务	设计意图
2. 了解纪念馆的概况 3. 党的一大新民主主义革命道路理论探究 4. 诵读诗词 教师总结及课后作业	合作探究：（10分钟） 1. 天津作为首都的门户，为什么聚集各具特色的各国建筑？旧中国的社会矛盾与社会性质是什么？ 2. 作为天津人，介绍自己家人当时的生活状况与社会地位。 3. 以天津为例，探究社会各阶级的经济地位及对革命的态度。 （二）五四以来至党的成立，天津工人阶级和爱国人士对救国图存所做的探索与努力。（5分钟） 1. 觉悟社与马克思主义理论的传播。 2. 十月革命的成功，激励天津工人的革命运动，发现马克思主义真理的力量。 （三）党的一大召开与中国革命的重大意义。（5分钟） 学生讲解13位代表的人生命运。 合作探讨： 1. 中国共产党人的理想信念； 2. 中国共产党人的初心和使命？ 三、诵读毛泽东诗词，分组进行，探究诗词背后的历史背景及写作目的、抒发的革命情怀等相关内容。（10分钟） 1. 1935年10月，《七律长征》 2. 1949年4月《七律 人民解放军占领南京》 四、教师总结及布置课后作业（5分钟） 小论文：00后眼中的毛泽东。 要求：以小组为单位，阅读《毛泽东传》、观看《东方红》、《中国革命之歌》等相关视频资料。两周后上传至超星平台。	3．引导学生理解新民主主义革命的"新"。 4. 课后小论文写作，进一步内化理论知识，强化感情的升华。

课后反思：通过实践教学的互动探究，及学生欢迎的教学活动的穿插进行，学生实景感受1921年至1949年毛主席的的丰功伟绩，青年大学生清醒地认识马克思列宁主义普遍真理同中国实际相结合，建立了新中国。本次课重点加深了高职学生对新民主主义革命理论形成的时代特征及新民主主义理论产生的历史必然性的理解。树立走中国特色社会主义道路的坚定信念，增强四个自信，做政治合格的时代新人。

教学效果：学生通过展馆参观体验、天津旧貌的探寻，经典原著探讨、诗歌朗诵互动、教师讲解引导等教学活动，深入理解了1921年至1949年毛主席的的丰功伟绩，深化了新民主主义革命道路历史必然性的认知，激发了青年大学生爱党、爱国及爱社会主义的感情，坚定了四个自信。实践教学受到大学生的欢迎和积极参与，教学效果良好。

（三）社会主义改造理论

教学内容：第三章　社会主义改造理论

授课时间：2课时

实践教学场所：天津现代职业技术学院 天津海河教育园区思想政治教育实践基地

教学目的：通过阐述从新民主主义向社会主义转变的思想、社会主义改造的道路及历史经验、社会主义制度在中国的确立及其重大意义，使学生深入了解社会主义改造的历史必然性、掌握过渡时期的总路线的内容、特点及社会主义改造的原则、方针、从低级到高级发展的形式、历史经验。使学生懂得我国实现从新民主主义向社会主义的转变，走社会主义建设道路是历史的选择，只有社会主义才能救中国。

教学重点：①新民主主义社会是一个过渡性质的社会；②社会主义改造理论的主要内容和历史经验；③过渡时期总路线的基本内涵、理论依据；④社会主义制度在我国确立的重大意义。

教学难点：①正确认识社会主义改造过程中出现的失误和偏差；②如何正确认识社会主义改造和社会主义改革的关系。

教学方法：师生角色互换、观影

教学活动：

教学环节：

教学环节	教学内容和任务	设计意图
	1.师生角色的互换，即由学生当教师，由教师当学生。角色互换的实践教学形式，强调的是教师与学生间的一种互动。经过这样的一种互换，可以让学生参与到备课、查找资料、进行分析的过程中，加深对所讲问题的认识。 角色呼唤的具体做法：第一步，预先设计好讲课	

教学环节	教学内容和任务	设计意图
	内容，提出四个问题：什么是社会主义改造；为什么要进行社会主义改造；怎样进行社会主义改造；如何评价社会主义改造。第二步，让同学参加讲课比赛，其他同学可以帮助讲课同学查找资料。第三步，由教师对讲课内容进行点评。这样的实践教学形式，使得学生对于社会主义改造理论的学习就会有一个较深刻的印象。等课后教师讲解或与学生们进行讨论"社会主义改造"和"社会主义改革"的区别和联系时，学生们就更容易消化吸收。当然在整个的过程中，教师应当有一个宏观把握。并且在选择讲课内容的时候，也要选择便于学生理解的讲课内容。 2.观看参考影视资料 《三大改造》和《筑梦路上11-13集》	

课后反思：（1）　实现从新民主主义到社会主义转变的历史必然与成功经验

（2）探索适合中国特点的社会主义改造道路的历史经验与启示

（3）新中国社会主义基本制度初步确立的成功经验与重大意义

教学效果：达到本章教学目的

（四）社会主义道路初步探索的理论成果

教学内容：第四章　社会主义道路初步探索的理论成果

授课时间：2 课时

实践教学场所：天津现代职业技术学院 天津海河教育园区思想政治教育实践基地

教学目的：通过实践教学使学生了解三大改造完成后我国在社会主义道路初步探索中的历史脉络，从而更好地理解和掌握党在初步探索社会主义建设道路过程中取得的重要思想成果。

教学重点：①党的八大；②《论十大关系》和《关于正确处理人民内部矛盾的问题》两篇重要讲话的发表；③大跃进人民公社运动；④七千人大会

教学难点：①如何正确处理好两类不同性质矛盾；②社会主义建设道路初步探索的经验教训。

教学方法：头脑风暴教学法、任务驱动法、体验式教学

教学活动：情景再现、历史脉络串讲、讲故事

教学环节：

教学环节	教学内容和任务	设计意图
	课前：分组 1. 历史脉络组：通过搜集相关资料，按照历史脉络形成一个旁白的背景资料。 2. 党的八大组：情景再现八大的重要场景 3. 两篇重要讲话组：提纲携领两片讲话的重要思想 4. 大跃进、人民公社组：讲小故事 5. 七千人大会组：情景再现 课前督查：各组上报准备的资料，教师进行辅导和修改 教学环节： 基地二楼社会主义道路初步探索部分 历史脉络组作为旁白，开场引入正题。 1. 八大组情景再现党的八大重要场景（学生活动10分钟） 2. 旁白继续引领到两个重要讲话：重要讲话组讲解重要思想（学生活动10分钟） 3. 教师活动：对重要讲话进行补充和留白铺垫（留到课堂重点讲解5分钟） 4. 旁白继续引领到大跃进、人民公社：讲小故事（学生活动10分钟） 5. 旁白继续引领到七千人大会：情景再现（学生活动5分钟） 教师总结：5分钟	通过课程设计，一方面让学生掌握历史脉络；另一方面让学生亲身参与到教学活动中来，亲身感受在那个时代背景下的所思和所想，帮助学生更好地理解和掌握相关理论。

课后反思：社会主义道路初步探索的经验教训，以及对改革开放的启示

教学效果：引导学生不仅要了解历史，更应在历史的教训中警戒未来。

（五）改革开放理论

教学内容：第五章　邓小平理论

　　　　　第二节　邓小平理论的基本问题和主要内容

　　　　（二）邓小平理论的主要内容

　　　　　6.改革开放理论

授课时间：2课时

实践教学场所：天津现代职业技术学院 天津海河教育园区思想政治教育实践基地

教学目的：改革开放40年来，中国人民用双手书写了国家和民族发展的壮丽史诗。要让学生认识到，改革开放是决定当代中国命运的关键抉择，是党和人民事业大踏步赶上时代的重要法宝。没有改革开放，就没有中国的今天，也就没有中国的明天。改革开放，这场中国的第二次革命深刻改变了中国、深刻影响了世界。要让学生看到，40年来改革开放取得的历史性成就，向世人昭示了这是一条正确之路、强国之路、富民之路。一切伟大成就都是接续奋斗的结果，一切伟大事业都需要在继往开来中推进。要让学生认识到，作为贯穿现代化进程的"历史单元"，改革开放只有进行时没有完成时，要将改革开放进行到底。

教学重点：①讲清楚改革开放的背景和重要意义，让学生深刻理解改革开放是中国的第二次革命，是解放和发展社会生产力的必然要求，是适应新科技革命和时代发展的必然要求，是社会主义制度的自我完善和发展，是实现中华民族伟大复兴的必由之路。

②讲清楚改革开放40年来取得的历史性成就，让学生充分认识改革开放40年前后发生的历史性转变，并深刻理解改革开放是一条正确之路、强国之路、富民之路。

③讲清楚改革开放是一项长期的、艰巨的、繁重的事业，让学生充分认识到在新时代新起点，我国在全面深化改革、扩大对外开放这两大方面所采取的重要战略举措。

教学难点：①深刻认识改革开放40年的历程和启示；②准确把握新时代我国改革开放的新历史方位。

教学方法：任务驱动、分组讨论、激情教学、翻转课堂等

教学活动：诗朗诵、成果展示、观看视频、思考等

教学环节：

教学环节	教学内容和任务	设计意图
课前准备	1.课前预习：将授课材料上传至学习通，让学生进行课前预习 2.诗朗诵和歌曲排练：让学生排练诗朗诵《改革开放》	给学生布置任务，了解课堂的内容

教学环节	教学内容和任务	设计意图
课前准备	3.分组活动：学生们分组搜集天津发展变化的图片和文字材料，课上进行成果展示	给学生布置任务，了解课堂的内容
课堂实施	【教学导入】 经过改革开放40年的发展，中国发生了翻天覆地的变化。中国人民的生活实现了由贫穷到温饱，再到整体小康的跨越式转变，中国社会实现了由贫穷落后到开放富强的历史巨变。 1.播放视频：《辉煌中国》 纵观世界风云变幻，回望中国百年沧桑，"开放"都是一个解码兴衰荣辱的关键词。40年前，中国开启了改革开放这场伟大革命，从此中国的面貌焕然一新，世界的面貌也为之一变。世界第二大经济体、第一大工业国、第一大货物贸易国、第一大外汇储备国，世界经济增长的主要稳定器和动力源，书写了世界上"最成功的脱贫故事"……回首往昔，从农村到城市，从试点到推广，从经济体制改革到全面深化改革，中国人民用双手书写了国家和民族发展的壮丽史诗，推动了中国和世界的共同发展进步。 历史，总是在一些特殊年份给人们以汲取智慧、继续前进的力量。今天，我们该如何看待改革开放40年这段历程？ 2.诗朗诵《改革开放》 一、只有改革开放才能发展中国 40年改革开放历程中，中国人民用双手书写了国家和民族发展的壮丽史诗。40年伟大实践雄辩地证明，改革开放是决定当代中国命运的关键抉择，是当代中国发展进步的活力之源，是党和人民事业大踏步赶上时代的重要法宝，是实现中华民族伟大复兴的必由之路。 1.改革开放是中国的第二次革命 2.改革开放是解放和发展社会生产力的必然要求 3.改革开放是适应新科技革命和时代发展的必然要求 4.改革开放是社会主义制度的自我完善和发展 5.改革开放是实现中华民族伟大复兴的必由之路 二、改革开放40年成就辉煌 凝视中国，如同欣赏一幅精心创作的画卷，无论	展示中国改革开放40年的变化 激情教学法，让学生们通过朗诵感受改革开放的巨大变迁

教学环节	教学内容和任务	设计意图
课后提升	局部还是整体，总有着升腾不屈的气势。40年来，改革开放使中国迅速成长为世界第二大经济体，综合国力显著提高，人民生活极大改善，中国特色社会主义充满生机与活力。美国前国务卿基辛格曾表示，40年前谁也不会想到中国会发展成为与美国相匹敌的全球性国家。 1.从封闭型经济弱国到开放型全球经济大国的伟大转折 3.播放视频：改革开放40年 我国经济结构调整取得重要进展 4.播放视频：2017年我国成为世界第一贸易大国 2.从贫穷到温饱再到整体小康的跨越式转变 5.各小组展示课前任务成果《天津的变迁》（历史展区风格古朴典雅、色调沉稳，走入其中，就仿佛游弋在寻幽探古的历史长河中——亲身感受昔日"三叉河口"的沧桑与辉煌。） 三、将改革开放进行到底 历史从不眷顾因循守旧、满足现状者，机遇属于勇于创新、永不自满者。一切伟大成就都是接续奋斗的结果，一切伟大事业都需要在继往开来中推进。在博鳌亚洲论坛2018年年会开幕式的主旨演讲中，习近平主席向世界明确表态：中国开放的大门不会关闭，只会越开越大！ 1.坚定不移全面深化改革 2.以更大力度推进对外开放 9.播放视频：培育竞争力 构建开放型经济新体制 1.思考：如何理解"改革开放是决定当代中国命运的关键一招"？ 2.学习成果：以小组为单位，利用新媒体完成一件学习成果展示，形式不限。	在一个城市的诞生、演变、发展、腾飞中，真切感受到天津城市演变和发展的悠长轨迹。 激情教学法，让学生们通过朗诵感受改革开放的巨大变迁

　　课后反思：本节课教学着重突出"以生为本"的教育理念和实践教学手段，提升了学生主动学习的兴趣和效果，但与此同时在教学过程中也存在如下问题：在组织学生讨论环节开展的不够充分；对学生评价所设定的权重不够合理，今后要加以改进和完善。

　　教学效果：视频、图片等可视化的信息资源，视觉化呈现历史场景，使学生在身临其境的视觉冲击下中增强理论认同感。

（六）"三个代表"重要思想

教学内容：第六章 "三个代表"重要思想

授课时间：2 课时

实践教学场所：天津现代职业技术学院 天津海河教育园区思想政治教育实践基地

教学目的：了解"三个代表"重要思想的内涵，知道"三个代表"是建设中国特色社会主义的指导思想，是中国共产党的立党之本、执政之基、力量之源。

使学生理解"三个代表"是中国共产党先进性的集中表现；增强热爱社会主义祖国，热爱中国共产党的情感，在坚定社会主义信念的同时，增强使命感和责任感，以实际行动来坚持和维护中国共产党的领导，努力实践"三个代表"重要思想。

教学重点：①新时代，中国共产党人在进行伟大斗争、建设伟大工程、推进伟大事业、实现伟大梦想中，继续是中国先进文化的积极引领者和践行者；②把握"三个代表"重要思想的核心观点和主要内容。

教学难点：①正确认识"三个代表"重要思想的历史地位；用开放、发展性态度对待"三个代表"重要思想，而不能将其教条化、静止化；②认识了解"三个代表"重要思想的的形成是在中国建设和改革的实践中不断发展的过程。

教学方法：专题讲授法；分组讨论法；多媒体教学；主题演讲；调研报告；讲解员；情景模拟

教学活动：读书会；社会调研报告；诗歌朗诵；志愿者服务

教学环节：

教学环节	教学内容和任务	设计意图
	中国共产党必须始终代表中国先进文化的前进方向。 引导学生读一本好书：请同学在参观阅读馆内图书后选择一部最喜欢的图书进行分享谈论，通过读书会分享读书经验及阅读习惯，引导同学深刻理解大力发展社会主义先进文化，必须牢牢把握先进文化的前进方向，建设社会主义精神文明，不断满足人民群众日益增长的精神文化需求，不	通过讲述同学喜爱的文学作品，阐释各个时代都有反映社会主义时代精神的优秀作品，反映了先进文化的前进方向。

教学环节	教学内容和任务	设计意图
	断丰富人民的精神世界，增强人民的精神力量。 环节二：结合十九大习近平总书记关于宣传思想文化工作的系列重要论述，以深刻认识新时代宣传思想文化工作面临的新任务新挑战，围绕满足人民群众日益增长的精神文化生活需求，坚持文化开放改革创新，全面提升文化软实力为核心内容形成调查报告。 环节三：请同学以"匠人精神"、文化传承等角度将自己整理的资料加以提炼，作为志愿者为参观的读者进行讲解。	深入理解要继承中华优秀传统文化就要使更多的民族传统工艺得到继承和发展

课后反思：实践教学帮助学生从静态的课程束缚中走出来，有效调动了学生学习的主动性、积极性、参与性，突出了大学生思想政治教育的时代性，与时俱进，更有效的完成了教学目标；同时实践教学的情景具有感染性更能够激发学生的爱国热情，从而以实际行动来坚持和维护中国共产党的领导努力实践"三个代表"重要思想。

教学效果：体验式教学对于加深学生对"三个代表"重要思想的理解，深化对党的路线方针政策的认识，坚定在中国共产党领导下走中国特色社会主义道路，实现中华民族伟大复兴的共同理想和信念更能引发共鸣，从而产生历史使命感和社会责任感。增强理论课的实践性，提高大学生理论与实践相结合的能力，提升了思想政治理论课的针对性、实效性。

（七）中国特色社会主义进入新时代

教学内容：第八章　习近平新时代中国特色社会主义思想及其历史地位

第一节　中国特色社会主义进入新时代

授课时间：2课时

实践教学场所：天津现代职业技术学院 天津海河教育园区思想政治教育实践基地

教学目的：通过本节教学，帮助学生理解习近平新时代中国特色社会主义思想孕育的背景，澄明新时代之内涵及其与新思想之间的关系，使学生切实领会这一思想的主要开创性内容及其开辟马克思主义理论新境界的贡献、当代意义。

教学重点：①经济建设成就；②生态建设成就。

教学难点：①全面深化改革成就；②民主法治建设成就。

教学方法：①讲授法；②讨论法；③头脑风暴法。

教学活动：①对十八大以来的大国重器进行搜集讨论；②对近几年比较受大家欢迎的文艺节目进行搜集讨论；③在超星上传资料。

教学环节：

教学环节	教学内容和任务	设计意图
	一、历史性成就和历史性变革 党的十八大以来，以习近平同志为核心的党中央以巨大的政治勇气和强烈的责任担当，提出一系列新理念新思想新战略,办成了许多过去想办而没有办成的大事，推动党和国家事业取得了全方位的、开创性的历史性成就，发生了深层次的、根本性的历史性变革。主要表现在以下方面： 课前准备：红馆里有十八大以来我国经济建设取得的成就的展板和模型，比如天眼、长征系列运载火箭、墨子号量子科学实验卫星、复兴号等。同学们分8组对某一方面进行深入了解，上课时班级讨论。 第一，经济建设取得重大成就。经济保持中高速增长，综合国力和国际影响力显著提升，经济总量稳居世界第二位。 课前准备：红馆里面一层第一个板块就是全面深化改革展厅，课前把资料传到超星上，让学生们有所了解。 第二，全面深化改革取得重大突破。蹄疾步稳推进全面深化改革，压茬拓展改革广度和深度，夯基垒台、立柱架梁，全面深化改革的主体框架基本确立。 第三，民主法治建设迈出重大步伐。中国特色社会主义法治理论实现新飞跃，中国特色社会主义法治体系日益完善，全社会法治观念明显增强。 课前准备：近几年来我国文化节目呈现出丰富多彩的态势，请同学们搜集近几年大家喜爱的文化节目，并讨论一下这个节目的亮点。 第四，思想文化建设取得重大进展。现代公共文化服务体系建设步入发展快车道，文化产业蓬勃发展。文化走出去步伐加快，中国故事吸引世界目光。	

教学环节	教学内容和任务	设计意图
∧	课前准备：改革开放40年来，我国社会建设不断发展，比如教育、医疗、社保、卫生等方面发生了很多变化，让学生利用课余时间回家乡搜集社会方面的变化，并进行实践展示。 第五，人民生活不断改善。惠民政策力度不断加大，养老金和农村低保标准增幅远超GDP增速。保障性安居工程建设扎实推进，教育事业全面发展，人民健康和医疗卫生水平大幅提高。综合交通基础设施网络日趋完善，新业态不断涌现，就业状况持续改善。 第六，生态文明建设成效显著。修复水生陆生生态，防治水土流失，把绿色发展理念融入生产生活。2016年，我国单位GDP能耗、用水量分别比2012年下降17.9%和25.4%，主要污染物减排效果显著。引导应对气候变化国际合作，成为全球生态文明建设的重要参与者、贡献者、引领者。 第七，强军兴军开创新局面。着眼于实现中国梦强军梦，制定新形势下军事战略方针，全力推进国防和军队现代化。 第八，港澳台工作取得新进展。牢牢掌握宪法和基本法赋予的中央对香港、澳门全面管治权。坚持一个中国原则和"九二共识"，推动两岸关系和平发展，坚决反对和遏制"台独"分裂势力。 第九，全方位外交布局深入展开。全面推进中国特色大国外交，形成全方位、多层次、立体化的外交布局，为我国发展营造了良好外部条件。 第十，全面从严治党成效卓著。	

课后反思：1. 把课堂给学生，多给学生机会展示；2. 深入挖掘新时代发生历史性成就的例子。

教学效果：本节课主要是在天津海河教育园区思想政治教育实践基地进行，该基地有非常多相应的内容，还有模型、展板等，所以在该基地给学生上课的效果非常好。

（八）实现中华民族伟大复兴的中国梦

教学内容：第九章　坚持和发展中国特色社会主义的总任务

第一节　实现中华民族伟大复兴的中国梦

授课时间：2 课时

实践教学场所：天津现代职业技术学院 天津海河教育园区思想政治教育实践基地

教学目的：通过教学让学生了解什么是中国梦、为什说中国梦是中华民族近代以来最伟大的梦想、怎样实现中国梦、青年与中国梦，引导学生自觉投身到实现中华民族伟大复兴中国梦的准备和实践中。

教学重点：什么是中国梦；为什说中国梦是中华民族近代以来最伟大的梦想；怎样实现中国梦；青年与中国梦。

教学难点：为什说中国梦是中华民族近代以来最伟大的梦想；青年与中国梦；

教学方法：讲授法、体验式教学法、分组教学法

教学活动：学生拍摄视频、搜集相关案例、讲述自己的故事、参观觉悟社

教学环节：

教学环节	教学内容和任务	设计意图
	一、课前通过学习通下发学习任务 1. 学生拍摄视频《家乡的"过去"和"现在"》； 2. 针对生态文明在树叶上写下一句话，让学生对于树周围的图片进行资料挖掘和课外调研 3. 退役士兵讲解自己的经历； 4. 学生预习1919年"五四运动"，参观觉悟社； 二、教学过程 2012年11月29日，习近平总书记在参观《复兴之路》展览时正式提出了中国梦就是"实现中华民族伟大复兴，是中华民族近代以来最伟大的梦想"。此后，习总书记在很多重要场合，对中国梦进行了深刻阐述。 实践环节 （一）什么是中国梦？ 1. 学生通过对比，讲解家乡的变化 教师进行总结，家乡发生变化的原因。 2. 与学生互动，讲解复兴号模型 复兴号见证了我国的历史； 复兴号代表了中国制造和中国标准； 3. 与学生互动，什么是中国梦 中国梦的本质是国家富强、民族振兴、人民幸福。	运用实践基地实践、实验性的教学设备和声光电模图的"情景"化场景氛围的营造，使学生在经过了理论课堂知识的学习和认识后，将理论教学中的重点和难点形成实践教学模块化内容，学生在对一定理论知识认识的基础上，通过实践课前教师下发的实践任务的准备后，在实践基地进行有顺序、有目的的实践学习。

教学环节	教学内容和任务	设计意图
	（二）为什说中国梦是中华民族近代以来最伟大的梦想 原因有方方面面，选取了生态文明为切入点。 1. 学生分享贴在树叶上关于生态文明的愿望 2. 学生交流分享树周围的案例 教师通过讲解总书记的故事进行总结，保护生态环境其实就是保护生产力，让良好生态环境成为人民生活质量的增长点。 3. 教师通过讲解近代以来人民的追梦过程，通过对比"中国梦"和"美国梦"，得出结论中国梦是中华民族近代以来最伟大的梦想。 （三）怎样实现中国梦 1. 退役士兵分享在部队的经历和体会 2. 教师讲解抗美援朝时期，上甘岭的故事 3. 教师总结：在中国共产党的领导下走好中国道路、弘扬中国精神、凝聚中国力量，奋力实现中国梦。 （四）青年与中国梦 1. 学生讲解"五四运动"的故事 2. 学生讲解觉悟社并谈感想 3. 教师又浮雕切入，让学生铭记历史 4. 教师由"五四运动"总结出青年人有理想、有本领、有担当 三、课程总结提升 对本节内容通过四个实践环节的讲授和学生实践展示后，所有学生集中回到实训教室，由教师进行课程的总结和实践学习成果的检验和评价，并进行青春誓言的宣示。	

课后反思：通过实践基地各个教学环节的"情浸式"教学模式，使学生在情绪的渲染、情感的激发过程中，实现思政理论课知识的内化，并表现出自觉的行为。

教学效果：通过学习，让学生们在新时代的精神引领下，时刻牢记每个人都是"梦之队"的一员，都是中国梦的参与者、书写者。当今时代是放飞梦想的时代，学生们要在新的伟大时代用自己的实际行动书写自己的青春梦想，用自己的拼搏和努力成就实现伟大中国梦的一份青春力量。

（九）建设美丽中国

教学内容：第十章　"五位一体"总体布局

第五节　建设美丽中国

授课时间：2课时

实践教学场所：天津现代职业技术学院 天津海河教育园区思想政治教育实践基地

教学目的：通过社会调研、阅读文献和观看影视资料以及环境管理局参观，帮助学生认识和理解中国特色社会主义生态文明建设；树立尊重自然、顺应自然、保护自然的生态文明理念，建设美丽中国。

教学重点：掌握生态文明理念及建设生态文明的基本要求；正确理解我国建设社会主义生态文明的必要性和重要性。坚持人与自然和谐共生、形成人与自然和谐发展新格局、加快生态文明体制改革。

教学难点：引导学生树立正确生态文明观，践行生态文明理念。

教学方法：任务驱动法、小组合作法、讨论法、游戏互动

教学活动：感知现状→知识探究→方案优化→疑难解答→评价总结→知识抢答游戏互动

教学环节：

教学环节	教学内容和任务	设计意图
	一、教学内容	验收课前任务；让
	（一）实践教学内容	学生亲身参与调
	1. 社会调查参考题目【课前准备】	研，加深认识
	在校大学生对生态文明建设认知情况调查。（内容	引导学生进行分组
	包括我国环境污染现状，主要污染物、污染源）	讨论
	2. 分组讨论内容	提出解决生态问题
	我国生态环境为什么变得如此糟糕？我们应如何正	的建议
	确处理人与自然的关系？	
	生态文明基础知识抢答	
	二、实践课程教学任务	
	1. 布置与课程教学内容相关的较为开放性的社会调	
	查题目，要求学生利用课余时间完成调查总结。	
	2. 布置阅读与课程教学内容相关的经典文献资料，	强化知识点加深理
	要求学生有选择地阅读党和国家领导人的重要讲	解
	话。	

教学环节	教学内容和任务	设计意图
	3.布置与课程教学内容相关的影视资料，要求学生观看。 三、成绩评价方式 课程实践课成绩教师根据学生完成任务情况可分为优（≧90）、良（≧80＜90）、中（≧70＜80）、及格（≧60＜70）和不及格（＜60）五个档次，学生具体分数教师在各档次内给定。 四、主要参考书目及影音资料 1.《习近平关于社会主义生态文明建设建设论述摘编》，中央文献出版社　2017年版。 2.《美丽中国说》cctv	

课后反思：①课前任务布置应尽量具体和充分；②鼓励学生自主参与；③课程环节尽量紧凑，谨防拖沓。

教学效果：①借助在线开放课程学习平台，实现了基于翻转课堂的混合式教学、激发了学生学习积极性，提高了教学效果；②通过学习平台，对学生的课程大数据进行分析，及时把握了学生的学习状态，为课上教学活动设计提供重要的数据支持；③合理运用多种信息化教学手段、优化了教学流程，提高学生学习效率；④采用课内外结合，线上线下融合，培养了学生自主学习能力，突出了个性化学习特点，实现了以学生为主体的教学思想。

（十）"四个全面"战略布局——全面依法治国

教学内容：第十一章　"四个全面"战略布局——全面依法治国

授课时间：2课时

实践教学场所：天津现代职业技术学院 天津海河教育园区思想政治教育实践基地

教学目的：习近平总书记在十九大上更是强调依法治国的重要性。依法治国是实现国家治理体系和治理能力现代化的必然要求，事关我们党执政兴国，事关人民幸福安康，事关党和国家长治久安。全面建成小康社会、实现中华民族伟大复兴的中国梦，全面深化改革、完善和发展中国特色社会主义制度，提高党的执政能力和执政水平，必须全面推进依法治国。通过实践课，了解深化依法治国的重点任务，宣传司法公正，传递十九大依法治国精神，为决胜全面小康贡献力量。

教学重点：理解法治载体、法治主体

教学难点：通过实践理解法治的实施过程

教学方法：体验式教学

教学活动：参观、调研、体验

教学环节：

教学环节	教学内容和任务	设计意图
第一步（20分钟）	树立法治思想，必须得先了解法治内涵。在基地"明明德·晓律法"模块下，了解人民法院是党领导下的司法机关，认真履行宪法和法律赋予的职责，积极推进依法治国的进程，是人民法院光荣而艰巨的历史使命。依法保障和促进先进生产力的发展是人民法院的根本任务。让同学们近距离接触了司法，从而对公正司法有了更清晰的认识。	了解法治载体、树立法治思维
第二步（10分钟）	社区调研。了解群众对于法治的了解程度，深入津南区社区以调查问卷和口头采访的形式了解群众们对于法治的认知程度，同时了解群众对于公正司法贯彻落实的要求，在司法方面，我国任然存在一些司法腐败、审判效率缓慢的问题。通过对问卷中的一些问题进行汇总，有老师进行深入剖析，从而进一步理解全面依法治国的意义。	了解法治主体，对依法治国内涵进行深入研究
第三步（15分钟）	组织学生进行模拟法庭。巩固实践成果，组织学生进行模拟法庭。选取了一个典型案例，让学生亲身实践之前所了解到的司法案件审理的流程，来体验司法审理过程中的公正。理解司法案件审理中以事实为依据，以法律为准绳的原则。	让学生亲身体验司法程序，体会依法治国的内涵及实践。

课后反思：第一，在教学中，特别要注意课程相关内容的补充，针对学生的实际情况进行必要的补充和拓展。例如，公民监督权的行使，人民是依法治国的追，实现依法治国，必须相信群众，充分发挥群众监督和舆论监督的作用。学生对依法治国中取得的成就和存在的问题以及人民群众是依法治国的主体的理解可能有点困难，教学中可以引入热点事件，社会生活中的案例，帮助学生理解。第二，优化课堂教学模式，合理构建实践课堂。教师要实现角色的转换，由课堂组织的导演向"大同学"转变。主动弥补，丰富学生知识。尽量

采用小组式或团队式方式开展教学。

教学效果：参与听审与模拟法庭是法治教育中一种理论与实践相结合的教学模式，可以让学生亲身体验刑事、民事和行政 审判的基本程序，能够充分调动其学习积极性；可以让学生以自己的亲身参与行为来提高其运用所学法律知识分析案件和解决案件问题的能力。

（十一）全面推进国防和军队现代化

教学内容：第十二章　全面推进国防和军队现代化

授课时间：2 课时

实践教学场所：天津现代职业技术学院 天津海河教育园区思想政治教育实践基地

教学目的：①理解坚持富国和强军相统一的重要性；②深刻把握军民融合的内涵和认识其重要意义；③体会部队军事训练的主要内容，增强体魄，提高国防观念。

教学重点：①强军与中国梦之间的关系；②什么是军民融合；③军事训练有哪些主要内容。

教学难点：①军民融合的重要内容、形式、意义；②军事训练的主要内容，如何进行军事训练。

教学方法：讲授、体验、互动、参与

教学活动：①深入兵营，感受部队文化；②由教官向学生展示介绍部分部队配置的武器；③体验军事训练项目；④学唱军旅歌曲。

教学环节：

教学环节	教学内容和任务	设计意图
1. 导入 2. 实践 3. 总结 4. 作业	1. 由教师导入实践内容、实践意义、实践目的、实践方式，使学生明了实践任务，做好相应准备。 2. 实践内容： 第一，由退役士兵班学生给学生讲授军旅文化 第二，由役士兵班学生讲授部队的相关知识。如武器装备、饮食、作息、训练科目、日常生活。特别是学生感兴趣武器知识，军事训练课目等。 第三，由老师对学生讲授习近平总书记的军事思想，特别是在新时代军事的重要作用。	通过多角度、多科目的体验实践，使学生增强爱国热情，了解我国军事发展的状况，对习近平总书记的强军思想有深刻的认识。增强四个自信，提高对我国军事发展的自豪感。

教学环节	教学内容和任务	设计意图
	3. 对学生在基地的体验情况进行总结，使学生们学有所获。	
	4. 给学生布置作业，感想或实践总结报告等形式。	

课后反思：国防和军队现代化建设是综合国力的表现之一。强国必须强军。历史有力证明，落后就要挨打，没有国防和军队的现代化，就不会有国家的现代化，就不会有中华民族的伟大复兴。让学生深入军队体会到我军现代化的进程有助于增强其爱国主义情感，增强对社会主义道路的自信。特别使学生要认识到，进入新时代，在习近平总书记强军思想的指引下，坚持走中国特色强军之路，推动军民融合深度发展，在军队建设方面取得了前所未有的成就。实践中必须把握对习近平新时代中国特色社会主义思想的深刻内涵，用其统领整个实践环节，从而使实践和理论学习得到相互促进。另外，在实践过程中，必须注意学生的人身安全，避免出现不必要的事故，影响实践效果。

教学效果：1、对习近平总书记强军思想有了更加深刻的认识。特别对中国特色强军之路的成就有了充分的了解；2、使学生认清新时代基本特征。经过长期努力，中国特色社会主义进入了新时代，国防和军队建设也进入新时代。这个新时代，明确了国防和军队建设发展新的历史方位和起点；3、当前，正处在中华民族伟大复兴的关键时期，中华民族需要自信，随着中国的发展强大，中华民族也拥有足够的自信。通过本次实践，使得学生从军事角度对中国道路自信产生了深切共鸣，纷纷表示，我们国家军队的强大，中华民族伟大复兴的重要保障，增强了"四个自信"；4、对课堂中学习的第十二章《全面推进国防和军队现代化》理论内容进一步得到了印证，特别对强国与强军之间的关系有了更加深刻的把握，使学生具有信服感；5、特别有些同学被军队建设的魅力所吸引，被军人的表率深深吸引，表示打算参军，报效祖国。

（十二）中国特色大国外交

教学内容：第十三章　中国特色大国外交

授课时间：2 课时

实践教学场所：天津现代职业技术学院 天津海河教育园区思想政治教育实践基地

教学目的：通过本章的学习，让学生了解当今世界的格局，面对多元多样多变的当今世界，中国站在人类道义制高点，放眼世界，胸怀天下，提出"一带一路"倡议和构建人类命运共同体重大理念，随着中国不断走近世界舞台中央，为世界作出更大的贡献。

教学重点：①世界正处于大发展大变革大调整时期；②和谐世界的中国方案；③推动构建人类命运共同体。

教学难点：①促进"一带一路"国际合作；②构建人类命运共同体的核心和科学内涵。

教学方法：情景教学法、讨论法、翻转课堂

教学活动：诗歌朗诵、唱响新时代、故事会

教学环节：

教学环节	教学内容和任务	设计意图
课前准备	通过超星APP上传本节课内容的PPT，让学生根据课本内容和PPT上的内容提前预习，并思考如下问题： 1.你所了解的当今的世界是什么样子的？ 2.你怎么理解人类命运共同体？ 3.同学们课前熟读《一带一路》朗诵稿，并选6为同学按照朗诵稿的分工上课时有感情朗诵。 4.同学们课前自行学习歌曲《我和你》，并选两名同学带领大家课堂一起唱响新时代。 5.确定一名同学课前搜集2000年王伟坠机相关素材 6.确定一位同学搜集2018年中非合作论坛相关素材	
课堂实施	一、通过馆里内容回顾课堂知识点 1.当今的世界（学生讲解） 通过超星学习通随机摇取一名学生，通过展板上的事例，论证当今世界正处于大发展大变革大调整时期，和平和发展依然是时代主题，同时人类面临许多共同的挑战。 2.和谐世界的中国方案（学生讲解） 通过超星学习通随机摇取一名学生，通过展板上的事例，论证随着中国进入强起来的新时代，也为世界的发展提供了中国智慧和中国方案 3.中国特色的大国外交 习近平出席博鳌亚洲论坛2015年年会时提出了"通过迈向亚洲命运共同体，推动建设人类命运	学生把展板的内容与课上的知识点结合讲述自己的理解

教学环节	教学内容和任务	设计意图
课堂实施	共同体"的倡议。 构建人类命运共同体思想顺应了历史潮流，回应了时代要求，凝聚了各国共识，为人类社会实现共同发展、持续繁荣、长治久安绘制了蓝图。这一思想继承和发展了新中国不同时期重大外交思想和主张，反映了中外优秀文化和全人类共同价值追求，适应了新时代中国与世界关系的历史性变化，成为中国引领时代潮流和人类文明进步方向的鲜明旗帜，已被多次写入联合国文件，对中国的和平发展、世界的繁荣进步都具有重大和深远的意义。 推进"一带一路"建设是习近平深刻思考人类前途命运及中国和世界发展大势所提出的宏伟构想和中国方案。2013年9月和10月，习近平在出访中亚和东南亚国家期间，先后提出共建"丝绸之路经济带"和"21世纪海上丝绸之路"的重大倡议，得到了国际社会的高度关注和积极回应。 二、教学互动环节 1.故事会 大家在宣示台前就坐，课前两位准备故事的同学（2000年王伟坠机、2018年中非合作论坛）在此讲述自己搜集的相关素材内容，通过今昔对比，体现出中国日益走进世界舞台中央，在国际上拥有越来越多的话语权。也通过2018年中非合作论坛体现出中国的大国担当和"一带一路"对世界的重大贡献。 2.诗朗诵； 《写给我"一带一路"开放的中国》（6个学生） 3.唱响新时代 《我和你》	老师结合展板案例讲述人类命运共同体的内涵和提出过程，以及中国的践行方法 引出"一带一路"的宏伟构想 故事会：今昔对比，中国日益强大，国家地位不断提升，让学生体会国富民强带来的荣耀感 诗朗诵：一带一路主题 现场演唱歌曲，属于情景教学

课后反思：本节课通过到海河教育园区思想政治教育实践基地上课，让学生更加直观的了解我国外交方面的相关知识，并通过学生互动、流行歌曲一起唱、学生翻转课堂、学生故事会等方式，把课上所学在实践基地融会贯通，让学生有更多的兴趣点，也更好的理解课上知识点。

教学效果：通过本节课程的学习，学生更加直观的了解了什么是人类命运共同体，了解了"一带一路"倡议，也感受到国富民强后国际地位不断提升的民族自豪感，通过实践课与理论课堂上形成良好的呼应。

三、《毛泽东思想和中国特色社会主义理论体系概论》实践教学成果举例

（一）"中国梦 我的梦"实践教学方案举例

中国梦 我的梦

一、实践教学基本情况

教学内容：《毛泽东思想和中国特色社会主义理论体系概论》第九章第一节：实现中华民族伟大复兴的中国梦

教学时间：2课时

教学模式："情浸式"实践教学模式

教学手段：分组式教学

教学对象：学生

教学地点：天津海河教育园区思想政治教育实践基地

二、实践教学目的和意义

通过思想政治教育实践基地现有思想政治理论课模块化教学内容，运用实践基地实践、实验性的教学设备和声光电模图的"情景"化场景氛围的营造，使学生在经过了理论课堂知识的学习和认识后，将理论教学中的重点和难点形成实践教学模块化内容，学生在对一定理论知识认识的基础上，通过实践课前教师下发的实践任务的准备后，在实践基地进行有顺序、有目的的实践学习，通过学生自身主体性的参与和实践，对理论知识形成更加理性的认知，价值的认同从而形成内心稳定的知识体系。通过实践基地各个教学环节的"情浸式"教学模式，使学生在情绪的渲染、情感的激发过程中，实现思政理论课知识的内化，并表现出自觉的行为。

三、实践教学目标

通过实践教学让学生了解、掌握近代以来中国人民寻梦、追梦、圆梦的历史进程、中国梦的科学内涵、实现中国梦的路径以及建成社会主义现代化强国的战略安排，引导学生自觉投身到实现中华民族伟大复兴中国梦准备和实践中去。

四、实践教学设计

分四组进行实践教学

课程导入：

2012年11月29日，习近平总书记在参观《复兴之路》展览时正式提出了中国梦就是"实现中华民族伟大复兴，是中华民族近代以来最伟大的梦想"。此后，习总书记在很多重要场合，对中国梦进行了深刻阐述。中华民族伟大复兴的中国梦一经提出，就产生了强大的号召力和感染力。人民群众畅想中国梦，社会舆论聚焦中国梦，港澳台同胞心系中国梦，海外华人述说中国梦，国际社会关注中国梦，中国梦成为中国走向未来的鲜明指引，成为激励中华儿女团结奋进、开辟未来的一面精神旗帜。

中国梦关乎着中国未来发展的方向，凝聚了中国人民对中华民族伟大复兴的憧憬

和期待，它是整个中华民族不断追求的梦想，是亿万人民世代相传的夙愿，每个中国人都是中国梦的参与者、创造者。

下面，我们先来看一段视频：《奋斗新时代》（序厅视频）

进入实践环节：

（一）经济腾飞，为中国梦实现提供巨大引擎

进入复兴号列车，发"车票"即学生思政课实践环节学习实践记录和评价考核表。"车票"上列出了实践基地的所有教学实践环节，每个教学实践环节学习实践完成后由相应的老师给出评价，全部教学实践环节学习实践完成并考核合格后标志着学生完成了思政课程实践环节的学习并获得了学分。

下面咱们发一下"车票"，在馆里的实践教学即将开始。

1. 主题导入

复兴号列车是从2020年全面建成小康社会站开往2050年社会主义现代化强国站的时空高铁，复兴号的平均时速是350公里，把它建在这儿也寓意着对于国家经济发展速度的美好愿景。复兴号对于我国全面系统掌握高铁核心技术、加快高铁"走出去"具有重要战略意义。

2. 学习任务反馈

列车起始站引出"两个一百年"内容，教师提问，学生作答。

3. 实践成果展示

学生展示任务成果：《家乡的"过去"和"现在"》视频拍摄

（1）学生一：来自天津的学生讲述家乡的变化

（2）学生二：来自甘南藏族学生讲述家乡的变化

4. 教师评价总结

刚才两组同学都分别阐述了家乡的巨大变化。阐述的都很好。从家乡的变化，我们看到了国家飞速发展的变化，在中国共产党的领导下，我国综合国力进一步增强，中国特色社会主义事业进一步发展和完善。经济更加发达，科技创新在经济发展中的驱动力更加强劲，中国通过一个个见证中国经济建设成就的"重器"实现了"可上九天揽月，可下五洋捉鳖"的豪迈壮举。"中国制造"和"中国标准"正在一步步走向国际，所有这些成就的取得，都标志着中国民族走向伟大复兴的开始！

特别是改革开放40年来，我们的生活发生了翻天覆地的变化，我国经济实力、综合国力大大增强，人民生活显著改善，实现了从温饱不足到总体小康再向全面小康迈进的跨越。正如习近平总书记指出的："现在，我们比历史上任何时期都更接近中华民族伟大复兴的目标，比历史上任何时期都更有信心、有能力实现这个目标。"

同学们，国家富强、民族振兴是人民幸福的基础和保障，也是中国梦的内涵和本质。今天，同学们通过对家乡变化的感受，我相信，一定有更加深刻的感受，也更加明确了中国梦和我的梦、国家的梦和人民的梦紧紧联系在一起的深刻内涵，实现中国梦，意味着中国经济实力和综合国力、国际地位和国际影响力大大提升，意味着中华民族以更加昂扬向上、文明开放的姿态屹立于世界民族之林，意味着中国人民过上更加幸福安康的生活。

（二）绿水青山就是金山银山，中国梦实现的重要举措之一

1. 主题导入

在经济社会高速发展的今天，国家富强、人民的幸福离不开良好生态环境的支撑。习近平总书记曾说："走向生态文明新时代，建设美丽中国，是实现中华民族伟大复兴的中国梦的重要内容"。污染严重，没有蓝天白云、青山绿水的社会不是小康社会。生态文明做不好，人民幸福、民族未来都无从谈起，建设生态文明是一切工作的底线，决不能突破。建设美丽中国，实现美好生活是我党对人民期望的回应，我们的小康社会不仅要丰衣足食，而且要有一个舒适优美的生活环境和美好家园；不仅我们要有，我们的后代也不能少。

习近平在出访哈萨克斯坦的时候，针对环境问题，强调指出"我们既要绿水青山，也要金山银山。宁要绿水青山，不要金山银山，而且绿水青山就是金山银山。"这棵树我们可以把它叫做"绿色生命之树"。我们可以看到它的周围这些生动的案例，都是党的十八大以来，我们坚持人与自然和谐共生所取得的成果。现在通过我们的努力，我们不仅有了金山银山，而且也有了绿水青山。

2. 学习任务反馈

老师课前已经给大家下发了学习任务，那么现在请大家把你对于建设美丽中国的期盼贴到树上。

3. 实践互动

教师：那么下面让我们看看大家都写了什么

教师摘树叶——树叶1

教师：这是谁写的？来说说为什么写这个愿望？

学生：（翻转课堂）学生分享并讲解。

教师拿树叶2：（树叶内容）这是谁写的，请谈一下感受。

学生：（翻转课堂）学生分享并讲解

教师：习近平总书记指出：我们的人民热爱生活，期盼有更优美的环境，人民对美好生活的向往就是我们的奋斗目标。人民既希望安居、乐业、增收，也希望天蓝、地绿、水净，在良好生态环境下生产生活是人民幸福的基本需求。如果说学有所教、劳有所得、老有所养、病有所医、住有所居，是人民幸福的物质梦；生活得舒心、安心、放心，对未来有信心，是人民幸福的精神梦；那么吃上放心的食物、喝上干净的水、呼吸上清新的空气，住在优美宜居的环境里，就是人民幸福的生态梦。

教师摘树叶3：（树叶中内容）

学生：（翻转课堂）分享并讲解。

教师：你这个想法很好，那么同学们你们认为应该选择怎样的出行方式呢？

学生们：共享单车、走路、公交、地铁……

教师：我听到的最多的声音是选择骑自行车出行，那么有谁愿意来体验一下骑车出行呢？

学生：体验

教师：你现在有什么感受啊？

学生：学生谈感受，教师进行引导。

教师：我们倡导绿色出行，是希望可以让更多的能量转化为动能。在同学骑车的过程中，我们发现如果他停止了，树的绿灯就灭了，这说明如果我们的可持续发展中断了，我们就得从头再来。其实生态文明的建设过程就是人类的新的生活方式的形成过程，在整个社会层面，我们应该倡导简约适度、绿色低碳的生活方式。

4. 总结评价

党的十九大报告中指出："中国社会主要矛盾已经转化为人民日益增长的美好生活需要与不平衡不充分的发展之间的矛盾"，在物质生活得到满足后，人们追求更高的精神生活，而生活环境的好坏直接影响美好生活的实现。中国特色社会主义进入新时代，从过去的求生存到现在的求生态、从盼温饱到盼环保成为了人们新的价值追求。

生态兴则文明兴，生态衰则文明衰。要实现中华民族伟大复兴的中国梦，就必须建设生态文明、建设美丽中国。

（三）强国必须强军，中国梦实现的重要保障之一

1. 主题导入

同学们，中华民族有着悠久灿烂的文明，长期居于世界文明发展的前列。而近代中国的灾难，是从西方列强在军事上比中国强大并欺负中国开始的，因此，"中国梦"首先是一个"强军梦"，强国必须强军。

互动：邀请班里一位同学（退役士兵），为我们带来强军小课堂（学生讲的内容，主要为强国强军、军民融合、科技兴军）

党的十八大以来，习近平强调："我们要实现中华民族伟大复兴，必须坚持富国和强军相统一，努力建设巩固国防和强大军队。"刚刚★★★给我们带来的强军小课堂也体现了这一思想。发展战略与安全战略相协调、强国进程与强军进程相一致的战略考量，为实现中国梦强军梦指明了方向。随着我国经济总量、综合实力不断上升，各种可以预见和难以预见的风险和挑战也在不断增多。我们发展得越快，对外部的影响冲击就越大，受到的战略反弹力就越强。这就要求我们必须在国家总体战略中兼顾发展和安全，坚持富国和强军相统一，科学统筹好经济建设和国防建设。同时，走军民融合式发展路子，是实现富国和强军统一的重要途径。军民融合，源于我们党的"军民结合、寓军于民"的思想，其目的就是在更广范围、更高层次、更深程度上把国防和军队现代化建设有机融入经济社会发展体系之中，做到一笔投资、双重效益。

2. 互动体验

各位同学接下来我们一起走进环幕厅，一起去感受一下党的十八大以来我国在强国路上为实现民族振兴不断创新、锐意进取的震撼力量。（进环幕厅）

（出环幕厅后）教师：同学们，中国共产党带领全国人民走在中国特色社会主义的康庄大道上，我们脚下的这片热土——中国，我们的母亲正焕发出强大的生机活力展现在时任面前。无论身在何方，我们心系祖国，无论岁月蹉跎，我们期盼母亲安康、日益壮大。

3. 激情教学

（1）第二小组的同学朗读《可爱的中国》

可爱的中国（节选）
作者：方志敏

朋友！中国是生育我们的母亲。你们觉得这位母亲可爱吗？我想你们是和我一样的见解，都觉得这位母亲是蛮可爱蛮可爱的。

以言气候，中国处于温带，不十分热，也不十分冷，好像我们母亲的体温，不高不低，最适宜于孩儿们的偎依。

以言国土，中国土地广大，纵横万数千里，好像我们的母亲是一个身体魁大、胸宽背阔的妇人。

中国土地的生产力是无限的；地底蕴藏着未开发的宝藏也是无限的；又岂不象征着我们的母亲，保有着无穷的乳汁，无穷的力量，以养育她四万万的孩儿？我想世界上再没有比她养得更多的孩子的母亲吧。

中国是无地不美，到处皆景，这好像我们的母亲，她是一个天姿玉质的美人，她的身体的每一部分，都有令人爱慕之美。

中国海岸线之长而且弯曲，照现代艺术家说来，这象征我们母亲富有曲线美吧。

中国民族在很早以前，就造起了一座万里长城和开凿了几千里的运河，这就证明中国民族伟大无比的创造力！

中国在战斗之中一旦得到了自由与解放，这种创造力将会无限的发挥出来。到那时，中国的面貌将会被我们改造一新。

到那时，到处都是活跃跃的创造，到处都是日新月异的进步。

欢歌将代替了悲叹，笑脸将代替了哭脸。

富裕将代替了贫穷，康健将代替了疾苦。

智慧将代替了愚昧，友爱将代替了仇杀。

生之快乐将代替了死之悲哀，明媚的花园，将代替了凄凉的荒地！

这时，我们民族就可以无愧色的立在人类的面前，而生育我们的母亲，也会最美丽地装饰起来，与世界上各位母亲平等的携手了。

这么光荣的一天，决不在辽远的将来，而在很近的将来

这么光荣的一天，决不在辽远的将来，而在很近的将来！

教师：中国梦是国家的、民族的，也是每一个中国人的。只有每个人都为美好梦想而奋斗，才能汇聚起实现中国梦的磅礴力量。在实现民族复兴梦想的伟大征程中，青年不懈追求的梦想始终与振兴中华的责任担当紧密相连。现在20岁左右的我们，到2035年社会主义现代化基本实现时，还不到40岁；到本世纪中叶全面建成社会主义现代化强国时，刚过50岁。我们是民族复兴伟大进程的见证者和参与者，也是社会主义事业的生力军。脚下的土地就是当代大学生贡献聪明才智、书写青春篇章的热土福地，中华民族伟大复兴终将在广大青年的接力奋斗中变为现实。

（2）宣誓：青春的誓言

领誓人：我们是担当民族复兴大任的时代新人，我们以青春的名义宣誓：

集体宣誓：坚定崇高的理想信念，牢记使命，自信自励。努力提高本领才干，勤奋学习，全面发展。发扬天下兴亡、匹夫有责的担当精神，讲求奉献，实干进取，为实现中华民族伟大复兴的中国梦贡献青春力量。

（四）梦开始的地方，历史进程中的重要时刻——建党与中国梦

1. 主题导入

梦想是激励人们发奋前行的精神动力。当一种梦想能够将整个民族的期盼与追求都凝聚起来的时候，这种梦想就有了共同愿景的深刻内涵，就有了动员全民族为之坚毅持守、慷慨趋赴的强大感召力。实现中华民族伟大复兴，是全体中华儿女的伟大梦想和共同愿望，也是中国近现代史的主题。

中国在人类社会发展史上曾经长期处于领先地位，但进入近代以后，逐渐落伍了。1840年以后，由于西方列强的入侵和满清王朝的腐朽，中国一步步沦为半殖民地半封建社会。在绝境中猛醒、在苦难中奋起的中华民族，为民族大义所激奋，日益紧密地凝聚在民族复兴的伟大旗帜下，中华民族向前、向上的生命力日益强劲地迸发出来。为了改变国家和民族的命运，一批又一批仁人志士进行了艰辛努力和不懈探索。十月革命一声炮响，给中国送来了马克思列宁主义。1921年，中国共产党应运而生。中国共产党自诞生之日起，就自觉肩负起实现中华民族伟大复兴的神圣使命，团结带领全国各族人民完成了民族独立和人民解放的历史任务。

视频导入："五四运动"

2. 学生对五四运动的讲解

学生讲解五四运动的发生发展过程，了解五四运动的结果。特别对天津觉悟社与五四运动的关系能够讲解清楚。

3. 教师对五四精神、中国梦进行解读。

4. 体验环节：缅怀先辈，继承精神。

5. 学生对红船精神的讲解

主要把建党的曲折过程能够条理清晰、引人入胜表现出来，特别对红船以及习近平总书记对红船精神内涵的深刻解读有正确把握。

6. 教师对中国共产党建党初心、红船精神、中国梦三者之间的关系进行解读。

7. 演唱《红船向前行》歌曲

8. 课程总结

通过这次实践教学，让同学们了解到今日中国，前所未有地接近民族复兴伟大梦想的实现是中国共产党97年不忘初心、牢记使命的结果，是中国共产党自觉带领中国人民为实现中华民族伟大复兴中国梦而不懈奋斗的结果。

五、课程总结提升

对本节内容通过四个实践环节的讲授和学生实践展示后，所有学生集中回到实训教师，由本班的思政老师进行课程的总结和实践学习成果的检验和评价。

1. 实践学习成果反馈

（1）请一位学生上来对四个实践环节体验后的认识

（2）通过课前设计的问题，现场提问，学生进行回答，引出课程的总结

①我们在中国梦的实现进程中已经具备了哪些条件或成果

②在圆梦的道路上，我们应该从那些方面做才叫靠谱？

③为什么说国家的梦、民族的梦和我们每一个人的梦都是一个梦，那就是我们的中国梦？

每一问题请一个学生回答。

2.总结提升

教师：同学们，大家刚才都回答的非常好，说明刚才大家在实践的环节都用心准备，用心体验和学习了，你们非常棒！

"中国梦"凝聚着亿万人民对美好生活的期盼，对民族复兴的希望。中华民族在寻梦、追梦、圆梦的历史进程当中，将国家的追求、民族的向往、人民的期盼融为一体，因此，中国梦即体现了中华民族和中国人民的整体利益，又是每一个中华儿女的共同愿景。每个中国人都是中国梦的参与者、创造者。

中国人民实现中国梦的愿望是强烈而迫切的，今年是改革开放40年，40年的时间，我们在经济、政治、文化、生态、军事等各个方面都取得了突飞猛进的跨越式的进步，我们进入了新时代（刚才大家是不是都学习到了！）那么，我们今天取得的这些成就也就是实现中国梦的过程上，我们紧紧依靠的是什么？！对，同学们说的非常好，我们必须在中国共产党的领导下，坚持走中国特色社会主义的道路，它就是我们的复兴之路、追梦之旅。（刚才我们第四个实践环节，大家应该都深刻体会到了，是不是！）这也是习近平总书记说的"实现中国梦必须走中国道路、弘扬中国精神、凝聚中国力量"的核心要义，方向决定道路，道路决定命运，在我们坚定了中国特色社会主义道路的圆梦旅程中，要以中国精神为魂，凝聚中国13亿多同胞的磅礴力量，汇聚成我们实现中国梦的强大力量，才能实现中华民族伟大复兴的中国梦！

同学们，作为其中一员的我们，该怎么做呢？（互动学生：好好学习、找到好工作为国家做贡献等）对，我们只有认认真真干事才能实现梦想，对，只有实干才能梦想成真。正如开篇，咱们看到的那一段视频，习总书记说的，幸福是奋斗出来的，今日中国，前所未有地接近民族复兴伟大梦想的实现。

同学们，我们要在新时代的精神引领下，时刻牢记我们每个人都是"梦之队"的一员，都是中国梦的参与者、书写者。当今时代是放飞梦想的时代，我们要在新的伟大时代用自己的实际行动书写自己的青春梦想，用自己的拼搏和努力成就实现伟大中国梦的一份青春力量。

今天的课程到此结束，同学们，下课。

（二）学生实践考核评价

建立客观、合理的考评体系是检验思想政治理论课实践教学效果的重要组成部分，也是确保思想政治理论课实践教学时效性的重要保证，并且能为进一步提升思政实践教学的教学质量，进一步进行教学改革和创新提供保障。

1.考核评价原则

（1）学生评价与教师评价相结合的考核方式。其中成果展示采用学生组间互评的方式，过程评分中，学生之间的互评研讨采用教师评分方式，由教师对各组总体的表现技术面成果进行评价。最后各小组根据学生在活动中的组织能力、合作能力及贡献大小推举一名实践之星。

（2）合作创新与理性思考相结合的考核方式。思想政治理论课实践教学考核不能只单纯注意考核结果，更要注意对学生在实践活动过程中表现出来的理想、信念、智慧、能力等做出总和测评。"学生讲解"对学生的考核，注重对世界观、人生观、价值观理论的认识，注重协调和改善人际关系，处理好人与社会、人与自然的关系，树立科学的世界观、人生观、价值观的能力以及语言表达能力。

2.评价指标

（1）成绩构成。"学生讲解"采用过程与结果相结合的评价方法。其中成果展示的结果评分占40分，过程评分占60分。过程评分中全面参与总过程的出勤成绩占总成绩的10分，文字材料成绩占总成绩的50分。

（2）成绩评定。出勤成绩：全勤为满分10分，缺勤一次扣除5分，缺勤达三次以上，该门课程不得参加考核，需进行重修。文字材料构成：根据各组整理材料的理论深度和规范程度进行打分。成果展示成绩：取各小组的平均分作为成果展示最终成绩。

（3）成绩展现形式。"学生讲坛"最终成绩不显示具体的分数，采取等级评定的方式。其中90~100分为优秀等次；80-89分为良好等次；60-70分为合格等次；低于60分的为不合格等次。另外教师需根据组长对组员的等级评定±5分，形成学生的最终成绩。

（三）**实践教学效果**

办好思想政治理论课，最根本的是要全面贯彻党的教育方针，解决好培养什么人、怎样培养人、为谁培养人这个根本问题。推动思想政治理论课改革创新，要不断增强思政课的思想性、理论性和亲和力、针对性。我校在由天津市教委和天津海河教育园区投资建设的高校实践育人示范基地天津海河教育园区思想政治教育实践基地，有效的进行了为期三个学期的实践教学尝试，现将教学实施中特色成效总结为以下几个方面：

（一）在"学思践悟行"的教学逻辑中，把思政课与专业特色深度结合，构建"大思政"育人

思想政治理论课是思想政治工作的主课堂，在全面部署推进思想政治工作这项长期任务、系统工程时，必须紧抓重点领域和关键环节，把高校思想政治理论课同专业建设有效结合，着力构建"大思政"工作格局，推动形成全员育

人、全过程育人、全方位育人的生动局面。在天津海河教育园区思想政治理论课实践基地的实践教学，以案例、问题为驱动，深入各学科专业学生的专业特点，把思政课教学与专业课融合的措施，探索与高职院校特色相适应的思政教育途径，因材施教，分步实施"学、思、践、悟"四个环节，逐级递进，最终达到"知行合一"的目标。

（二）在"理论+实践课堂"中，借助3D数字马列馆和场景化红馆，打造"情浸式"教学模式，让思政课学习"活起来"

习近平总书记强调，思想政治理论课是落实立德树人根本任务的关键课程。要坚持理论性和实践性相统一，用科学理论培养人，重视思政课的实践性，把思政小课堂同社会大课堂结合起来，教育引导学生立鸿鹄志，做奋斗者。在天津海河教育园区思想政治实践基地开展的实践教学的教学设计严格落实坚持理论性与实践性相统一，利用实践基地现有的教学资源，把课堂教学分为"理论课堂"+"实践课堂"的形式进行开展，"实践课堂"是"理论课堂"的延伸，借助实践基地3D数字马列馆和场景化红馆以及虚拟仿真教学资源，通过翻转课堂、对分课堂等方式，以思政课教师为主导，有效调动学生学习思政课的热情，充分发挥学生在学习中的主体性，有效的补充理论课堂的不足，让思政课学习"活起来"。

（三）通过精准推送资源与案例，在"讲、演、诵、唱"中，让思政课学习"乐起来"

实践基地教学设计特点是大量运用各种教学资源为学生创设课堂情境，综合运用信息化技术手段为学生进行精准推送，让学生带着问题来上课，带着兴趣来听课，激发了学生的学习热情。信息化手段的运用，使学生可以更快捷更方便的获取信息、共享资源，促使学生自主学习、协作探究和教学互动，突破了以往课堂教学的空间限制和手段限制，内容直观具体，知识容量增大，课堂效率提高。尤其在实践课堂在课上，以学生为主体进行分组教学，通过小组之间的交流互动和竞争协作等活动，增加学生参与度，使学生迅速掌握自己和其他同学的学习情况，获得了学习成就感，更好的掌握和理解了教学内容，在"讲、演、诵、唱"中，让思政课学习"乐起来"。